LES GRANDES
COMPAGNIES COLONIALES
ANGLAISES DU XIXᵉ SIÈCLE

PAR

Edmond CARTON de WIART

Docteur en droit,
Docteur en sciences politiques et sociales.

Avec une Préface de M. Eugène ÉTIENNE

Député, Ancien Sous-Secrétaire d'État des Colonies,
Président du Groupe colonial de la Chambre.

La « British North Borneo Company » (1881).
La « Royal Niger Company » (1886).
L' « Imperial British East Africa Company » (1888).
La « British South Africa Company » (1889).

Bibliothèque de l'Ecole des
Carton de Wiart, Edmond
Les Grandes compagnies

28136

Librairie académique PERRIN et Cⁱᵉ.

LES GRANDES
COMPAGNIES COLONIALES ANGLAISES
DU XIXᵉ SIÈCLE

1915

BIBLIOTHÈQUE

de l'ÉCOLE des SCIENCES POLITIQUES et SOCIALES de LOUVAIN

Georges Legrand. *L'Impôt sur le Capital et le Revenu en Prusse; Réforme de* 1891-1893. Un vol. in-12 de 104 pp. Bruxelles, Société belge de Librairie, 1894.

Alfred Nerincx. *Du Régime légal de l'Enseignement primaire en Angleterre.* Un vol. in-8° de 272 pp. Gand, Engelcke, 1895.

Romain Moyersoen. *Du Régime légal de l'Enseignement primaire en Hollande.* Un vol. in-8° de 135 pp. Gand, Engelcke, 1895.

Auguste Mélot. *Des Impôts sur les Valeurs mobilières en France.* Un vol. in-8° de 190 pp. Gand, Engelcke, 1895.

Charles Génart, *Les Syndicats industriels.* Un vol. in-12 de 232 pp. Gand, Engelcke, 1896.

Néarque Physsenzidès, *L'Arbitrage international et l'Établissement d'un empire grec.* Un vol. in-8° de 226 pp. Bruxelles, Goemaere, 1897.

Henri de Kerchove d'Exaerde, *De l'Enseignement obligatoire en Allemagne.* Un vol. in-8° de 173 pp. Gand, Engelcke, 1897.

Rév. W.-J. Kerby, *Le Socialisme aux États-Unis.* Un vol. in-8° de 241 pp. Bruxelles, Goemaere, 1897.

Pierre Verhaegen, *Socialistes anglais.* Un vol. in-8° de 374 pp. Gand, Engelcke, 1898.

« L'École décline toute responsabilité relativement aux travaux publiés par ses élèves. »

LES GRANDES
COMPAGNIES COLONIALES
ANGLAISES
DU XIXe SIÈCLE

PAR

Edmond CARTON de WIART

Docteur en Droit, Docteur en Sciences Politiques et Sociales

AVEC UNE PRÉFACE DE

M. Eug. ÉTIENNE

Député

Anc. Sous-Secrétaire d'État des Colonies, Président du Groupe Colonial de la Chambre

---

La « British North Borneo Company » (1881). — La « Royal Niger Company » (1886). — L' « Imperial British East Africa Company » (1888). — La « British South Africa Company » (1889).

PARIS

LIBRAIRIE ACADÉMIQUE DIDIER

PERRIN ET Cie, LIBRAIRES-ÉDITEURS

35, QUAI DES GRANDS-AUGUSTINS, 35

1899

Tous droits réservés

TABLE DES MATIÈRES

	Pages.
Préface par M. Eug. Étienne........................	ix
Avant-propos	xiii

CHAPITRE I

La « British North Borneo Company »

§ I. — *Formation de la Compagnie et négociations relatives à l'octroi de la Charte*........................... 1
Première concession à une Compagnie américaine. — Une concession est accordée à M. Dent en 1877, par les sultans de Brunei et de Sulu. — M. Dent sollicite l'appui du Gouvernement. — L'Espagne et les Pays-Bas protestent contre l'octroi d'une charte. — La Compagnie de Borneo avant l'octroi de la charte royale, 1878-1881. — Octroi de la charte. — Situation générale du Nord-Borneo.

§ II. — *La Charte de la « British North Borneo Company »*. 16
Actes de concession des sultans de Brunei et de Sulu. — Charte d'incorporation. — Caractère de la nouvelle charte. — Différences entre elle et les chartes du xviie et du xviiie siècles. — Situation équivoque de la Compagnie au point de vue international.

§ III. — *La « British North Borneo Company » depuis l'octroi de la Charte jusqu'à nos jours*..................... 30
Objet propre de la Compagnie. — « Compagnie de Gouvernement. » — Organisation administrative du territoire. — Land Regulations. — Culture du tabac. — Recettes et dépenses. — Commerce général. — Déclaration de protectorat anglais en 1888. — Coup d'œil rétrospectif.

CHAPITRE II

La « Royal Niger Company »

Pages.

§ I. — *Le bassin du Niger sous le régime des associations commerciales privées* 49
Sociétés commerciales privées. — La « National African Company ». — Déclaration de protectorat anglais. — Octroi de la charte ; 10 juillet 1886.

§ II. — *La « Royal Niger Company ». — Charte d'incorporation* 54
Pétition de la « National African Company ». — Analyse de la charte.

§ III. — *Administration de la « Royal Niger Company » jusqu'à nos jours* 65
Champ d'action de la Compagnie. — Frontière allemande. — Frontière française. — Aspect général de la Nigeria. — Population et productions. — Situation politique du bassin du Niger. — Caractère mixte de la Compagnie. — Action politique et pénétration dans l'intérieur. — Organisation générale. — Protestations des commerçants privés. — Expédition de 1897. — Œuvre de la Compagnie. — Accusations dirigées contre elle. — Avenir de la Nigeria.

CHAPITRE III

L' « Imperial British East Africa Company »

§ I. — *Préliminaires de l'intervention anglaise dans l'Afrique orientale* 94
L'Afrique orientale du xvie au xixe siècle. — Prospérité de Zanzibar. — Interventions européennes. — Exploration de l'intérieur. — Prédominance de l'influence anglaise. — L'Angleterre et l'Allemagne prennent position. — Convention anglo-allemande du 1er novembre 1886.

§ II. — *Fondation de l' « Imperial British East Africa Company ». — Charte du 3 septembre 1888* 103
Concession accordée par le sultan à sir W. Mackinnon ; 24 mai 1887. — The *British East African Association*. — « Founders' agreement », 18 avril 1888. — Charte d'incorporation.

TABLE DES MATIÈRES   VII

Pages.

§ III. — *L'œuvre de l'« Imperial British East Africa Company »*... 118
Commencements de la Compagnie. — Premières difficultés. — Situation générale de l'*Ibea*. — Pénétration vers l'Uganda. — Pression du Gouvernement et de l'opinion publique. — Progrès de la colonisation. — Complications politiques avec l'Allemagne. — Arrangement anglo-italien. — Occupation de l'Uganda. — Difficultés financières. — La Compagnie parle d'abandonner l'Uganda. — État du pays. — Mission de sir Gerald Portal. — Cession de l'Uganda au Gouvernement. — Retraite progressive de la Compagnie. — Dissolution de la Compagnie. — Coup d'œil rétrospectif.

CHAPITRE IV

La « British South Africa Chartered Company »

§ I. — *Fondation de la Compagnie*........................ 146
Situation de l'Afrique du Sud en 1889. — Le royaume de Lo-Bengula. — Lo-Bengula accepte le protectorat anglais; 11 février 1888. — Concessions accordées à un syndicat anglais. — Cecil Rhodes. — Opérations financières préparatoires à la constitution de la *Chartered*. — Demande d'une charte au Gouvernement. — Fondateurs de la *Chartered*. — Accueil fait par l'opinion à la demande d'une charte.

§ II. — *Charte de la « British South Africa Company »*... 165
Charte d'incorporation; 29 octobre 1889. — Prescriptions spéciales de la charte. — Caractère propre de la *Chartered*.

§ III. — *L'administration de la Chartered*............... 171
Situation des territoires de la *Chartered*. — Capital initial. — Augmentations successives. — Premiers actes. — La « Selous Road ». — Occupation du pays. — Les Mines d'or. — Prospérité générale en 1892. — Fondation de villes. — Routes. — Postes et télégraphes. — Régime des terres. — Licences. — Guerre des Matabelès. — Réformes administratives. — *Matabeleland Order in Council*, 18 juillet 1894. — Organisation judiciaire. — Land Commission. — Reprise des Affaires. — *La Rhodesia*. — *Jameson Raid*. — Révoltes des Matabelès et des Mashonas. — Assemblée générale de la Compagnie, 21 avril 1898. — Situation en 1898. — Politique suivie envers les indigènes. — Modifications à la charte proposées par M. Chamberlain. — *Southern Rhodesia*. — Order in Council du 20 octobre 1898. — Coup d'œil rétrospectif. — Œuvre accomplie. — Ressources financières. — Perspectives d'avenir.

CHAPITRE V

Considérations générales sur les nouvelles « Chartered » anglaises... 219

Caractère propre de la Compagnie à charte, I. — Objet de la Compagnie à charte, II. — Différences entre les Compagnies anciennes et modernes, III. — Pouvoirs accordés aux Compagnies du xix⁰ siècle, IV. — Restrictions et réserves des chartes du xix⁰ siècle, V. — Personnalité des fondateurs, VI. — Caractère national des Compagnies, VII. — Etendue des territoires occupés par les Compagnies, VIII. — Résultats heureux pour la colonisation anglaise en général, IX, X, XI, XII. — Reproches adressés au système des Compagnies, XIII, XIV. — Résultats financiers, XV. — Opinion générale en Angleterre, XVI.

Conclusion 264

Bibliographie 271

PRÉFACE

Lorsqu'en 1889 je fus appelé pour la seconde fois à la direction des affaires coloniales, je résolus de me consacrer tout d'abord à une tâche que les circonstances rendaient particulièrement urgente. C'était l'époque des grands partages internationaux. Les Anglais, les Allemands, les Italiens, avaient mis une telle ardeur à reconnaître, à explorer, à revendiquer toutes les terres vierges du globe que la France se devait à elle-même d'agir à son tour pour éviter d'être distancée et refoulée un jour dans les étroites limites qui avaient suffi à ses premières ambitions coloniales. Il fallait lui assurer la part qui devait lui revenir dans le partage des nouveaux continents. Je songeai donc à doter la France de la fin du xixe siècle de l'*outil*, de l'*instrument*, qui avait fait l'ancienne France grande et forte par ses colonies et dans ses colonies, je veux dire la *Compagnie coloniale*.

Le projet de loi, dans lequel je résumai mon programme, fut déposé au Sénat en 1891. Il donna lieu à des discussions approfondies au sein du Conseil supérieur des Colonies et des Commissions du Sénat, et l'opinion publique parut s'y intéresser vivement. Des circonstances diverses l'ont cependant empêché d'aboutir jusqu'à présent, et pendant ce temps, nous donnant un exemple significatif, l'Angleterre fondait et développait jusqu'à quatre grandes Compagnies coloniales, dont le livre de M. Edmond Carton de Wiart nous expose d'une façon si parfaite l'organisation et l'histoire.

M. Carton de Wiart, en entreprenant cette étude, avait une tâche malaisée. Il s'agissait d'étudier des institutions encore vivantes, sur lesquelles rien ou presque rien n'avait été écrit jusqu'ici, en dehors de récits de voyage ou de courts articles de revues. Au surplus, il devait nécessairement recourir en ordre principal aux documents parlementaires et autres d'origine anglaise, contre la partialité desquels il importait de se mettre en garde.

Il a réussi à se maintenir dans une note juste, tout en faisant un exposé très clair et très complet de ce qui a été fait par nos voisins anglais. Si certains éloges qu'il fait de la politique coloniale de ceux-ci peuvent paraître exagérés à notre susceptibilité nationale, il faut nous demander s'il ne conviendrait pas d'imiter un peu cette politique, au lieu de la critiquer toujours *a priori*. M. Carton de Wiart appartient à la jeune école des écrivains belges qui commencent à s'intéresser de plus en plus aux choses coloniales, naguère encore si étrangères aux préoccupations de leur pays. Son livre est une contribution précieuse à l'histoire coloniale de notre temps, et sans doute détruira-t-il quelques-uns des préjugés qui existent encore contre l'application d'un procédé de colonisation que je souhaite voir introduire bientôt en France.

Eug. Étienne.

AVANT-PROPOS

La notion de la « Compagnie coloniale » a été étendue, parfois à toutes les associations, fondées chez les peuples anciens ou modernes, pour le développement de leur commerce d'outre-mer. Pour ceux qui veulent l'entendre de la sorte, il a existé, dès les temps les plus reculés, et il existe encore un nombre presque indéfini de Compagnies coloniales, qui ne se différencient point, sinon par le lieu de leurs opérations, des associations commerciales ordinaires.

Mais cette expression peut être entendue dans un sens plus précis, que nous avons adopté au cours de cette étude. Comprises dans ce sens, les grandes Compagnies coloniales — les *Chartered*, suivant le terme aujourd'hui reçu dans le langage courant — sont des associations qui, tout en possédant un caractère commercial plus ou moins accentué, ont été investies par le souverain de droits politiques, et n'ont pas seulement pour objet l'établissement de relations commerciales, mais la mise en valeur et l'organisation de pays nouveaux. Ces Compagnies préparent entre ces pays nouveaux et la métropole « cet échange permanent d'influences, cette réciprocité de services, cette continuité de rapports, en un mot cette dépendance mutuelle qui constitue ce que l'on est convenu d'appeler la colonisation ».

Sous l'empire de motifs divers : la faiblesse ou l'indifférence de l'action gouvernementale, l'insuffisance de l'action des particuliers, la rareté et la timidité des capitaux et du crédit, des Compagnies coloniales de cette nature furent fondées dans la plupart des États européens au XVIe, au XVIIe et au XVIIIe siècle. Ce procédé de colonisation obtint une faveur extraordinaire : on ne se contenta pas d'accorder à ces associations des droits politiques, mais on y joignit des privilèges économiques, tels que le monopole général du commerce dans les régions soumises à leur influence. Ces Compagnies eurent des fortunes diverses : plusieurs abandonnèrent leur tâche au bout de quelques années ; d'autres, les Compagnies anglaise et hollandaise des Indes orientales par exemple, jouirent d'une splendeur et d'une durée qui les ont fait universellement connaître. D'une façon générale on peut affirmer que les Compagnies jouèrent un rôle prépondérant dans l'histoire coloniale moderne. Aussi les auteurs qui se sont occupés de cette histoire leur ont-ils réservé une place considérable dans leurs travaux, et il existe sur beaucoup d'entre elles des ouvrages spéciaux nombreux. Nous ne nous proposons pas d'étudier ici les Compagnies d'autrefois. Qu'il nous suffise donc de rappeler qu'à la fin du xviiie siècle, sous l'influence des nouvelles doctrines économiques, une réaction formidable éclata contre le système des privilèges commerciaux. Cette réaction entraîna dans une même réprobation les monopoles accordés aux Compagnies et la politique tout entière de celles-ci. On connaît la boutade d'Adam Smith au sujet des « Compagnies Coloniales » : « De tous les expédients dont on puisse s'aviser pour comprimer les progrès d'une colonie naissante, c'est sans doute là le plus efficace. » Partout l'opinion leur était défavorable. Elles disparurent, sauf deux Compagnies anglaises, celle des Indes orientales et celle de la baie d'Hudson, qui survécurent quelque temps, mais finirent cependant sinon par disparaître entièrement, du moins par perdre leurs privilèges politiques et économiques. On pouvait croire que les États européens avaient renoncé définitivement au système des grandes Compagnies souveraines, qui semblait condamné sans rémission.

Chose étrange, malgré cette réprobation unanime, et bien que les motifs qui justifièrent la création des Compagnies anciennes aient perdu de nos jours beaucoup de leur force, nous avons vu réapparaître, depuis quelque vingt ans à peine, des Compagnies coloniales analogues, sous beaucoup de rapports, à celles des siècles derniers. La grande puissance coloniale de notre époque, l'Angleterre, a recouru de nouveau à ce vieux procédé de colonisation. Dès 1881, elle fondait la *British North Borneo Company*, suivie bientôt par la *Royal Niger Company*, l'*Imperial British East Africa Company*, et enfin la *British South Africa Company*. Il est question d'en fonder d'autres encore.

L'Allemagne, qui débutait dans les entreprises coloniales, imita cet exemple en confiant à des Compagnies souveraines l'organisation de ses territoires de l'Afrique orientale et sud-occidentale, et de la Nouvelle-Guinée. Le Portugal agit de même, notamment à Mozambique. En France, un projet de loi autorisant la création de Compagnies privilégiées, dont l'idée première appartient à M. Étienne, fut déposé au Sénat, en 1891, par le Gouvernement de la République. Les discussions auxquelles il donna lieu au sein du Conseil supérieur des Colonies et dans les Commissions parlementaires ont révélé qu'il avait rallié de nombreux partisans. La lenteur des travaux parlementaires ne lui a pas encore permis d'aboutir. Mais il y a lieu d'espérer, semble-t-il, que la législature se prononcera avant peu et d'une manière définitive sur ses dispositions. Enfin, sous beaucoup de rapports, l'État indépendant du Congo, dû à l'admirable initiative d'un souverain éclairé et persévérant, n'est lui-même qu'une grande Compagnie coloniale, d'une forme originale et particulièrement intéressante. Bref, de tous côtés, la faveur est revenue à cette institution, naguère encore si décriée. On l'a modifiée en certains points. Les Compagnies du XIXe siècle ne possèdent pas, comme celles de jadis, le monopole général du commerce ; mais, pour le surplus, elles ne diffèrent pas sensiblement de leurs aînées et possèdent encore des droits politiques étendus qui font d'elles de véritables organismes souverains.

Dans cette sorte de renaissance des grandes Compagnies, celles qui furent fondées par l'Angleterre occupent une place prépondérante par l'étendue de leur champ d'action et l'importance de leur œuvre. Elles sont cependant de fondation récente : la plus ancienne d'entre elles, la Compagnie de Bornéo, n'a pas encore vingt années d'existence, et celle qui fut fondée en dernier lieu, la Compagnie de l'Afrique du Sud, date seulement de la fin de 1889.

Si l'on a beaucoup écrit sur les Compagnies antérieures au XIXe siècle, on connaît à peine les Compagnies contemporaines, dont l'histoire est si instructive. Nous avons tenté, dans une étude impartiale et objective, d'exposer leur fondation et leur organisation, qui marqueront sans aucun doute parmi les faits les plus intéressants de l'histoire de la colonisation.

Nous prions tous ceux qui ont bien voulu nous aider à réunir les informations et les matériaux, très dispersés, que nécessitait cette étude, de trouver ici l'expression de nos plus sincères remerciements, et nous sommes heureux de pouvoir saisir cette occasion de rendre un hommage spécial à l'obligeance que nous ont témoignée, dans nos recherches, les fonctionnaires du *Colonial Office* et les bibliothécaires du *Royal Colonial Institute* de Londres.

Octobre 1898.

LES GRANDES COMPAGNIES COLONIALES ANGLAISES
DU XIXᵉ SIÈCLE

CHAPITRE I

LA « BRITISH NORTH BORNEO COMPANY »

§ I. — Formation de la compagnie et négociations relatives a l'octroi de la charte

La fin du xviiiᵉ siècle avait marqué la condamnation, au nom des principes libéraux, du système des Compagnies souveraines.

L'ancienne *East India Company*, qui avait dû à des circonstances particulières de survivre à ses rivales, avait à son tour été supprimée en 1858. Avec elle disparaissait le dernier spécimen de ces grands corps politiques, aussi puissants que des États, et qui avaient à peu près détenu le monopole des entreprises coloniales pendant deux cents ans. Sans doute, d'autres associations ayant pour objets l'émigration et la colonisation subsistaient encore, mais elles étaient dépourvues de ces importants droits politiques qui caractérisaient les anciennes Compagnies.

On pouvait croire le système de la colonisation par les Compagnies souveraines abandonné à tout jamais, lorsqu'il fut de nouveau préconisé en Angleterre, il y a une vingtaine d'années, avec certaines modifications.

Quelques commerçants anglais que le hasard de leurs affaires avait conduits à Bornéo avaient pu apprécier les riches ressources naturelles de cette île, et c'est de leur initiative privée que naquit le projet d'y établir une Compagnie à charte organisée sur le modèle de celles qui avaient fonctionné auparavant. La fondation de cette Compagnie marque véritablement la renaissance des Compagnies souveraines au xix° siècle. Elle fut la première en date parmi celles-ci, et elle leur facilita la voie en leur fournissant le modèle de sa charte, et en ramenant la faveur de l'opinion à cette institution. Son œuvre propre est considérable; cependant, à cause peut-être de l'attraction plus puissante qu'exerçaient sur les esprits les affaires africaines, elle intéressa moins que ses rivales du continent noir, et aujourd'hui encore elle est demeurée très imparfaitement connue.

Première concession à une Compagnie américaine

Déjà, en 1845, l'Angletere avait annexé l'îlot de Labuan, situé sur la côte nord-ouest de l'île de Bornéo et conclu, en 1847, avec le sultan de Brunéï, un traité soustrayant les sujets britanniques aux juridictions indigènes. L'île de Bornéo restait encore exempte d'occupation étrangère dans sa partie septentrionale, lorsqu'en 1866 une société de capitalistes américains, l'*American Trading Company of Borneo*, acquit du sultan de Brunéï une vaste concession de territoires, avec tous droits de gouvernement, dans les provinces septentrionales de l'île. Cette Compagnie établit quelques postes sur la rivière Kimanis; mais, ne disposant que d'un capital insuffisant, elle abandonna ces premières tentatives, et toute colonisation fut arrêtée jusqu'en 1875. A partir de ce moment, l'Angleterre entra définitivement en scène, non point directement, mais représentée par un simple commerçant, M. (depuis sir) Alfred Dent. Encore une fois, ici, l'initiative privée se substitua au Gouvernement pour accomplir une œuvre intéressant la nation entière, puisqu'elle allait assurer la possession d'une nouvelle province à l'empire.

Une concession est accordée à M. Dent, en 1877, par les sultans de Bruneï et de Sulu

M. Alfred Dent, associé avec un Autrichien, le baron von Overbeck, forma une Compagnie qui racheta les droits de l'ancienne Compagnie américaine, et qui obtint, le 29 décembre 1877, la concession, par le sultan de Bruneï, de l'administration de tout le territoire s'étendant de la rivière Kimanis, à l'ouest, jusqu'à Sibuco, à l'est. La société s'engageait à payer de ce chef au sultan une redevance annuelle de 15.000 dollars, qui fut réduite de moitié dans la suite. Le sultan de Sulu ayant élevé des prétentions sur certains territoires cédés par le sultan de Bruneï, la Société obtint de lui une renonciation aux droits allégués, moyennant une rente annuelle de 5.000 dollars. D'autres territoires, tels que ceux de Padas River et Putatan River, furent acquis quelques années plus tard.

Dès le commencement de 1878, l'association, sous le nom et le pavillon de la maison Dent and C°, établissait ses premières stations à Sandakan, à Tampassuk et à Papar.

Jusqu'alors cette association était demeurée une société privée, dépourvue de tout caractère public. Elle pouvait s'occuper d'opérations commerciales ou d'entreprises agricoles dans le Nord-Bornéo, sans que la chose intéressât en rien le

Gouvernement anglais, qui n'avait, de quelque façon que ce fût, aucune juridiction à exercer sur cette partie de l'île.

Si des particuliers anglais y avaient établi le siège d'une association privée, il n'y avait là, au regard du *Foreign Office*, que la situation qui se présente chaque fois que des sujets britanniques fondent des sociétés commerciales ou industrielles dans un pays étranger de l'ancien ou du nouveau monde. Dès l'origine cependant, M. Dent semble avoir eu une pensée plus lointaine et plus ambitieuse que celle d'établir de simples comptoirs commerciaux dans l'île de Bornéo.

M. Dent sollicite l'appui du Gouvernement

Le 16 mai 1878, il faisait écrire par son frère au *Foreign Office* pour annoncer la création de la Société et demander pour elle l'appui et la consécration officielle du Gouvernement. La Société avait reçu par la concession des sultans de Brunéï et de Sulu d'importants droits régaliens qui faisaient d'elle un véritable État indépendant. En demandant à l'Angleterre de confirmer, par son approbation et son appui matériel, cet état de choses, on consacrait le caractère anglais de l'entreprise et on provoquait en même temps une intervention dans l'île qu'il serait aisé de transformer plus tard en un protectorat. M. Dent, après avoir installé l'Angleterre à Bornéo sous le couvert d'une association privée, voulait lui faciliter la prise de possession graduelle de l'île, tout en laissant le soin de sa mise en valeur à la Société privée qui en avait pris l'initiative. Il résulte de l'échange de lettres qui eut lieu entre M. Dent et le *Foreign Office* que celui-ci, tout en prévoyant l'avantage qui pouvait résulter pour l'Angleterre de l'acquisition d'un poste aussi important dans l'archipel malais, était retenu par la crainte de réclamations justifiées de la part des Gouvernements étrangers[1]. La première lettre de M. Dent, dans laquelle il demandait pour son association la protection du Gouvernement britannique, sans spécifier du reste si celle-ci se traduirait par l'action d'une charte d'incorporation ou autrement, date du mois de mai 1878. Depuis cette époque jusqu'en 1881, pendant près de trois ans, on vit cette même demande réitérée à des intervalles périodiques, exprimant désormais le désir d'une charte, suivie chaque fois de la même réponse dilatoire : « Le Gouvernement étudie la question, prenez patience. » En 1880, le ministère tory ayant été renversé, lord Salisbury répondit à M. Dent qu'il laissait le soin de la décision à son successeur, qui devait être lord Granville. Ces

---

[1] Parliamentary Papers, 1882, C. 3108 et 3109.

tergiversations provenaient certes, pour une bonne part, de ce que le Gouvernement appréhendait de ressusciter les anciennes Compagnies souveraines, objets d'exécration pour les économistes de l'école libérale. Mais elles provenaient aussi de ce que l'on se rendait très bien compte, dans les cercles officiels, de la situation équivoque qui résulterait, au point de vue international, d'un appui donné par l'Angleterre à une association privée, pourvue de droits politiques importants.

L'Espagne et les Pays-Bas protestent contre l'octroi d'une charte

Beaucoup ne verraient-ils pas dans cet appui l'équivalent d'une prise de possession directe de Bornéo ? En effet, à peine les intentions de lord Granville, favorables à l'octroi de la charte, furent-elles connues, l'Espagne et les Pays-Bas, qui prétendaient à certains droits sur la partie septentrionale de l'île, firent aussitôt des représentations auprès du cabinet de Saint-James. Deux dépêches du baron de Lynden, ministre des Affaires étrangères du roi des Pays-Bas, au comte de Bylandt, ministre plénipotentiaire de celui-ci à Londres, datées du 22 janvier et du 11 août 1881, résument assez bien les inquiétudes des Gouvernements étrangers. « Je sais, écrit le baron de Lynden dans sa première

« dépêche, que lord Granville vous a confiden-
« tiellement assuré que la charte ne donnera, à
« l'entreprise en question et à ses établissements,
« qu'un caractère purement privé, exempt de
« toute signification politique, et étranger à tout
« dessein politique ; qu'il n'y sera pas question
« non plus d'établir la souveraineté anglaise dans
« ces contrées, ou du droit d'y arborer le pavillon
« anglais. — C'est en vain, fait-il observer dans
« sa seconde dépêche, que le Gouvernement du Roi
« se demande à quoi peut servir la confirmation
« d'une concession telle que celle qu'a obtenue
« le sieur Dent, qui, soit dit en passant, n'est,
« à ce qu'il semble, plus de notre temps, ni en
« harmonie avec l'ensemble des droits actuels
« des puissances européennes dans les mers
« des Indes — et sous quel rapport l'octroi d'une
« charte comme celle qui nous occupe peut
« être considéré comme nécessaire, du moment
« qu'il ne s'agit, en réalité, que d'assurer au
« commerce et à l'industrie des sujets de Sa
« Majesté Britannique, un vaste champ d'opéra-
« tions dans le nord de l'île de Bornéo ? Il aurait
« suffi d'une association privée, appuyée au besoin
« par l'établissement de quelques consuls[1]. » Ces
représentations du Gouvernement hollandais lais-

---

[1] Documents cités : Part. II. Netherlands, nos 15 et 20.

saient percer des appréhensions justifiées. Donner à la société de M. Dent une charte solennelle, c'était établir d'une façon plus ou moins immédiate le protectorat britannique sur les territoires de la concession. Le Gouvernement anglais ne l'ignorait pas ; il est même probable que, dès le commencement, il désirait cette solution ; mais toute sa diplomatie devait tendre à dissimuler son sentiment pour ménager les susceptibilités internationales, et à se retrancher derrière le *screen*, l'écran, d'une Compagnie agissant au nom d'intérêts privés.

En même temps que les réclamations de l'extérieur, le Gouvernement pouvait craindre les protestations d'une partie de l'opinion publique en Angleterre même, où l'on s'inquiétait à l'idée de voir réapparaître les anciennes Compagnies privilégiées. Voilà le double motif qui tint si longtemps en suspens la décision du Gouvernement, malgré les sollicitations incessantes de la Société de M. Dent.

Octroi de la charte, 1ᵉʳ novembre 1881

Chose étrange, ce fut un ministère libéral, celui de M. Gladstone, qui, en 1881, finit par accorder la charte. Lord Granville, chef du *Foreign Office* dans le cabinet Gladstone, défendant la politique

de celui-ci à la Chambre des Lords, exprima dans les termes suivants les motifs de cette décision :
« Lorsque la demande d'une charte nous fut faite,
« nous avions trois partis à prendre : ou bien
« annexer directement ces vastes territoires, ou
« bien en laisser l'administration à M. Dent et à
« ses associés, ou bien enfin livrer le pays entier
« à l'absorption inévitable des nations étrangères.
« Il y avait, contre la première et contre la troi-
« sième solutions, de graves objections, qui ne
« semblaient pas exister contre la seconde. »

La Compagnie de Bornéo avant l'octroi de la charte royale, 1878-1881

M. Dent, après avoir jeté les premières bases de la Compagnie de 1877 et avoir sollicité pour elle la charte d'incorporation qu'elle n'obtint qu'en 1881, n'était pas resté inactif. Il s'était assuré le concours d'hommes au courant des affaires coloniales, et jouissant en même temps d'une situation sociale très honorable, tels que sir Rutherford Alcock, l'amiral sir Henry Keppel, qui avait aidé le rajah Brooke à établir son pouvoir à Sarawak, sir Thomas (depuis lord) Brassey, l'amiral R.-C. Mayne, M. R.-B. Martin, membre du Parlement, d'autres encore. Des réunions préparatoires avaient eu lieu, dans lesquelles M. Dent, au retour

d'une expédition qu'il avait faite à Bornéo, avait fait valoir les riches ressources naturelles de l'île, gages de profits certains, en même temps que sir Rutherford Alcock faisait appel au sentiment patriotique par des paroles telles que celles-ci : « J'avoue
« que, regardant au-dessus des profits commer-
« ciaux, il me semble d'une importance nationale
« considérable que cette partie de Bornéo ne passe
« pas entre les mains d'autres pays. En effet, de
« Singapore à Hong-Kong, c'est-à-dire une distance
« de 1.400 milles, nous n'avons pas un seul port
« de refuge en cas de guerre. Bornéo en offrirait
« d'excellents. Aussi, selon moi, serait-il plus
« sage de prendre Bornéo, quand nous le pouvons,
« et d'étendre sur l'île la protection de notre dra-
« peau, *que de la laisser prendre et fortifier par*
« *d'autres.* » En beaucoup d'autres pays, les actionnaires auraient répondu à l'orateur : « Exposez ces considérations d'ordre national au Gouvernement et invitez-le à s'occuper lui-même de la prise de possession de Bornéo. Pour nous, qui engageons ici nos capitaux avec la préoccupation de les voir fructifier, nous n'avons guère souci d'assurer un poste stratégique à la métropole, si l'affaire est d'une réussite douteuse et la valeur de l'île aléatoire. » Il faut rendre aux Anglais cette justice qu'ils savent, en pareille circonstance, combiner le souci de leurs intérêts personnels avec l'ambition

de participer à l'œuvre *impériale*, à l'œuvre de la *Greater Britain*. On en trouvera de nombreux exemples dans la création des autres Compagnies à charte, où souvent les fondateurs ont engagé leurs noms et leurs capitaux moins dans la certitude du succès financier que dans l'espoir de faire servir ces entreprises à un puissant intérêt national. A un autre point de vue, les paroles de sir Rutherford Alcock prouvent qu'aux yeux des Anglais la prise de possession du Nord-Bornéo par une Compagnie anglaise impliquait, dans un avenir plus ou moins prochain, l'intervention directe du Gouvernement. L'« écran » que celui-ci pensait pouvoir trouver dans cette entreprise privée était transparent pour l'observateur le moins clairvoyant.

S'il ne s'agissait que de protéger une association privée, n'ayant d'autre objectif que l'exploitation d'une concession territoriale, pourquoi, comme le remarquait le Gouvernement hollandais, lui donner la consécration solennelle d'une charte, la pourvoir de droits régaliens, lui donner un drapeau portant les couleurs anglaises? On ne pouvait y voir qu'autant de mesures préparatoires à une intervention plus directe. Si des déclarations du genre de celles de sir Rutherford Alcock venaient encore s'ajouter à ces indices, déjà assez significatifs par eux-mêmes, comment s'étonner de ce que les Gouvernements étrangers intéressés aient protesté et demandé des explications ?

La Compagnie à charte, qui ne peut pas dissimuler entièrement l'action du Gouvernement, fournit du moins à celui-ci un prétexte excellent pour dégager sa responsabilité, et, en diplomatie, un bon prétexte vaut souvent une bonne raison. Lord Granville, dans sa réponse aux Gouvernements étrangers, se défendit de préparer une intervention britannique à Bornéo. Selon lui, la situation était simple et de peu d'importance :
« M. Dent, un sujet anglais, a demandé pour une
« Société fondée par lui une charte d'incorporation.
« Il eût pu suivre la voie ordinaire et constituer
« sa Société en observant les conditions générales
« des *Companies Acts*. Le seul effet d'une charte
« royale sera de lui donner une reconnaissance
« officielle de la concession qu'il a obtenue des
« sultans, en échange de quoi il se soumettra au
« contrôle du Gouvernement de Sa Majesté, dans
« l'exercice des pouvoirs dérivés de cette conces-
« sion, notamment en ce qui concerne le traite-
« ment des indigènes, et les difficultés pouvant
« s'élever avec une puissance étrangère[1]. »

M. Dent, ayant réuni à Londres le capital suffisant pour commencer l'exploitation, avait, comme

---

[1] Doc. cit., n° 197. Earl Granville à M. Morier, ambassadeur à Madrid ; 7 janvier 1882, p. 204.

il a été dit plus haut, fondé plusieurs postes à Bornéo, notamment à Sandakan, à Tampassuk et à Papar. MM. W. Pryer, W. Pretyman et H.-L. Leicester, furent les premiers pionniers de la nouvelle entreprise.

Situation générale du Nord-Bornéo

La partie septentrionale de l'île était encore, à cette époque, livrée à l'anarchie. Les sultans de Bruneï et de Sulu n'y exerçaient qu'une autorité fort précaire ; le commerce et la culture étaient entravés par d'innombrables monopoles ; les côtes étaient encore souvent ravagées par les pirates. Plus au sud, sur la côte occidentale, sir J. Brooke, devenu rajah de Sarawak, avait pacifié une grande partie de l'île ; mais son autorité ne s'étendait pas au-delà des limites occidentales du sultanat de Bruneï.

On a dit que la meilleure charte pour une Compagnie coloniale, c'est une mine d'or. La nouvelle Société ne pouvait pas beaucoup compter sur les gisements aurifères ; mais les autres produits du sol laissaient espérer un profit rémunérateur. Le pays était favorable à la culture, à celle du tabac notamment. Un auteur, qui a écrit sur Bornéo, appelle la partie septentrionale de l'île, « a New-Ceylon ». C'est une exagération, et « New-Sumatra » eût été plus juste. Sur la plus grande partie de l'île s'étendaient de vastes forêts d'une exploitation aisée, à cause des nombreuses rivières qui descendent à la mer. Enfin on avait découvert des mines de charbon, ce qui rendait la situation de l'île particulièrement importante comme point de relâche pour la marine anglaise.

Sur ce territoire, couvrant une superficie d'environ 31 milles carrés, c'est-à-dire un quart de plus que l'île de Ceylan, on comptait une population de 170.000 à 200.000 indigènes. Les deux tribus principales étaient les Dyaks, race paisible, assez laborieuse, provenant sans doute d'un mélange de race chinoise et de race indigène, et les Bajows, d'origine malaise, paresseux et pillards. La Compagnie n'a cependant jamais rencontré de difficultés fort sérieuses de la part des indigènes, si l'on compare les quelques rébellions qu'elle dut réprimer avec celles qui mirent en danger les Compagnies africaines.

Telles sont les circonstances dans lesquelles fut octroyée la charte d'incorporation à la Société, qui devint la *British North Borneo Company*, et tels sont les territoires auxquels s'étendaient les prérogatives de la charte.

§ II. — La charte de la *British North Borneo Company*

Après ces négociations, qui durèrent plusieurs années, la Compagnie fut pourvue de sa charte d'incorporation, le 1er novembre 1881.

Actes de concession des sultans de Bruneï et de Sulu

Il faut rappeler ici les concessions des sultans de Bruneï et de Sulu, que la charte royale ne fit, en réalité, que confirmer, mais en leur donnant par cette confirmation une valeur et une importance qu'elles étaient loin d'avoir auparavant. Il résulte du texte des actes de concession que ceux-ci accordaient à M. Dent et à ses associés, moyennant un tribut annuel aux sultans s'élevant d'une part à 15.000, de l'autre à 5.000 dollars, la propriété de toute la partie septentrionale de l'île, avec les pouvoirs souverains sur ces territoires [1].

La concession du sultan de Bruneï nommait M. Dent « maharajah de Sabah (Nord-Bornéo) et « rajah de Gaya et Sandakan, avec pouvoir de « vie et de mort sur les habitants, et avec tous les « droits du sultan lui-même sur le territoire, « droit d'en disposer, de jouir de ses productions

---

[1] Doc. cit., C. 3018, Annexe n° 137.

« de toute nature, de battre monnaie, de perce-
« voir les recettes douanières et d'établir des
« taxes, enfin d'exercer tous les droits et pou-
« voirs appartenant communément à un souve-
« rain légitime ».

La concession du sultan de Sulu était analogue à la précédente, et contenait en outre une clause particulière qui mérite d'être rapportée. Elle a trait au caractère britannique que les fondateurs de la Société voulaient nettement attribuer à celle-ci, avant même qu'il ne fût question d'un appui officiel du Gouvernement de Sa Majesté. « The rights and privileges conferred thereby « shall never be transferred to any other nation or « Company of foreign nationality, without the « sanction of Her Britannic Majesty's Government « first obtained. It also declares that, if dispute « arises between the sultan and the Company, it « shall be submitted to the British Consul General « for Borneo. » En vertu de cette clause, les privilèges de la concession ne pouvaient donc jamais être transférés à une puissance ou une Compagnie étrangère, sans le consentement du Gouvernement anglais, et toutes difficultés qui viendraient à surgir entre les sultans et la Compagnie seraient soumises à l'arbitrage du consul général anglais, à Bornéo.

Pourvue de droits régaliens aussi importants,

la Compagnie promettait, de son côté, d'exercer la justice impartialement, en respectant les coutumes indigènes, et aussi de s'employer à faire disparaître l'esclavage et de ne pas établir un monopole général du commerce. Cette déclaration témoignait évidemment de préoccupations philanthropiques et libérales assez éloignées de l'esprit des anciennes chartes coloniales. Ainsi s'accusait déjà une première différence entre la Compagnie moderne et celles qui avaient existé durant les siècles précédents.

Quoique les négociations entre le sultan et M. Dent eussent été poursuivies d'une façon régulière, celui-ci se rendait compte du caractère précaire qui s'attache à ce genre de concessions obtenues par de simples particuliers de la part de chefs indigènes. Aussi rechercha-t-il la protection du Gouvernement anglais, et lui demanda-t-il d'enregistrer officiellement dans une charte les concessions obtenues, en leur garantissant ainsi un caractère de fixité plus sérieux.

Voici dans quels termes les fondateurs exposaient ce qu'ils attendaient du Gouvernement :
1° Les sujets anglais ayant été, d'après un traité conclu en 1847 avec le sultan de Bruneï, soustraits à la juridiction de celui-ci dans ses territoires, et soumis à la juridiction des consuls anglais, la Compagnie demande que les résidents nommés

par elle pour administrer les territoires concédés par le sultan reçoivent le droit de juridiction sur lesdits sujets anglais, s'engageant à supporter elle-même tous les frais de l'organisation judiciaire ; 2° La Compagnie sollicite la protection spéciale du Consul général et de toutes les autorités navales et coloniales des environs ; 3° Elle demande l'appui du Gouvernement dans l'exercice de son droit de contrôle sur les étrangers résidant sur son territoire, c'est-à-dire que le Gouvernement anglais prenne la responsabilité internationale de ses actes ; 4° Enfin, et surtout, elle demande une *charte d'incorporation*. Pour l'obtenir, elle offre de se soumettre à certaines obligations établissant son caractère anglais, telles, par exemple, que celles déjà prévues dans l'acte de concession du sultan, et elle accepte de subordonner à l'approbation royale la nomination du gouverneur et du chef-juge.

Ainsi qu'on l'a vu, cette demande ne laissa pas d'embarrasser le cabinet conservateur, alors au pouvoir. Il différa sa décision et finalement en laissa la charge au cabinet libéral, qui le remplaça en 1880. Lord Granville, le nouveau chef du *Foreign Office*, témoigna de dispositions plus favorables à l'égard de la demande de M. Dent, et dans une lettre à celui-ci, datée du 16 décembre 1880, il lui promit formellement de la recommander à la bienveillance de Sa Majesté. Effectivement la demande fut bientôt portée devant le *Privy Council*, qui examina le projet de la charte et le proposa à l'approbation de la reine. Le 3 septembre 1881, une dépêche du *Council Office* au *Foreign Office* communiquait à celui-ci une copie de l'ordre pris en Conseil et de la charte elle-même. Celle-ci était signée par la reine, le 1er novembre suivant.

Charte d'incorporation

La charte de la *British North Borneo Company* est le premier document de son espèce qui fut publié au XIXe siècle. D'autres associations avaient été reconnues par des chartes royales; mais elles n'avaient pas ce caractère souverain et politique qui est le propre des grandes Compagnies coloniales, fondées par l'Angleterre durant ces vingt dernières années.

Confirmation des concessions de 1878

La charte débute par une reconnaissance des concessions accordées trois ans auparavant par les sultans de Bruneï et de Sulu, et dont les principales stipulations ont été déjà rapportées plus

haut. Elle reprend ensuite les termes de la pétition adressée par M. Dent aux fins d'obtenir l'octroi de la charte, et conclut : « En conséquence, ayant
« la conviction que les intentions des pétition-
« naires sont louables et dignes d'encouragement,
« et que leur entreprise sera utile à notre Empire
« et à beaucoup de nos sujets, nous constituons
« en un corps politique, sous le nom de *British*
« *North Borneo Company*, l'association formée
« par les pétitionnaires, conformément aux condi-
« tions exigées par la présente charte. »

La Compagnie est de ce chef autorisée à racheter et exercer elle-même les concessions territoriales et les droits obtenus par M. Dent, et qu'il avait lui-même cédés à une *British North Borneo Provisional Association Limited,* formée dans le seul but de conserver le bénéfice des concessions, en attendant qu'une charte royale vînt permettre la constitution définitive de la Compagnie.

Cette confirmation des concessions antérieures, qui leur donne leur pleine et entière valeur, est néanmoins subordonnée à plusieurs conditions, ayant généralement pour but de ménager une porte d'entrée à l'intervention du Gouvernement dans l'administration de la Compagnie, et d'assurer la perpétuité du caractère anglais de celle-ci.

※
＊ ＊

« La Compagnie, dit la charte, sera et restera
« toujours *anglaise* par son caractère, et par son
« siège social qui devra être établi en Angleterre.
« Tous les membres de la Cour des directeurs,
« ainsi que le principal représentant de celle-ci
« à Bornéo, devront toujours être sujets britan-
« niques » (§ III). « La Compagnie pourra arborer
« sur ses établissements et sur ses navires un
« pavillon propre, mais indiquant son caractère
« anglais, soumis à l'approbation des Lords Com-
« missaires de l'Amirauté » (§ XIV). « Elle don-
« nera toutes facilités aux navires de guerre anglais
« pour entrer et séjourner dans ses ports »(§ XII).

※
＊ ＊

Quant aux cas d'intervention du Gouvernement,
ils sont nombreux :
« 1° La Compagnie ne pourra transférer tout
« ou partie des concessions obtenues par elle sans
« le consentement du Gouvernement représenté
« par l'un des principaux secrétaires d'État » (§ IV).
« 2° Tout différend avec le sultan de Bornéo
« ou de Sulu sera soumis à l'arbitrage du Gouver-
« nement » (§ VI).

« 3° Si, à un moment quelconque, celui-ci trouve
« à redire à l'attitude prise par la Compagnie à
« l'égard de quelque puissance étrangère et lui
« fait quelque observation à ce sujet, la Compa-
« gnie s'y soumettra aussitôt (§ VI). Il en sera
« de même, si le Gouvernement formule quelque
« objection contre la politique suivie par elle à
« l'égard des indigènes, ou même contre tout acte
« exécuté en vertu de droits dont la validité serait
« contestée » (§ X et § XVI).

« 4° Enfin la nomination du principal agent de
« la Compagnie à Bornéo sera toujours soumise
« à l'approbation gouvernementale » (§ XIII).

* * *

La charte comprend encore, et c'est en ce point
surtout qu'elle diffère des anciennes chartes de
Compagnies privilégiées, plusieurs articles destinés
à introduire dans le mode d'administration de la
Compagnie des principes libéraux et des obligations
humanitaires. C'est ainsi que l'établissement d'un
monopole général du commerce est strictement
prohibé, au lieu d'être solennellement concédé et
proclamé, comme dans les chartes accordées jadis.
« Le commerce devra être librement ouvert à tous,
« sauf certains droits de douane autorisés pour cou-

« vrir les dépenses d'ordre public » (§ XVIII).

A un autre point de vue, la charte spécifie aussi certaines obligations en faveur des indigènes : « La Compagnie devra travailler de tout son pou-
« voir à décourager et abolir par degrés l'escla-
« vage (§ VII). Il est défendu à ses agents de
« s'immiscer en aucune façon dans les usages reli-
« gieux des habitants (§ VIII); mais toute liberté
« d'action est évidemment laissée aux mission-
« naires. Enfin il est recommandé que, dans l'ad-
« ministration de la justice aux indigènes, les lois
« et coutumes des parties en cause soient respec-
« tées aussi fidèlement que possible » (§ IX).

Moyennant toutes ces conditions, la Compagnie obtient la confirmation des droits souverains et des concessions territoriales accordés par les sultans, ainsi que les droits privés ordinaires des Sociétés commerciales en Angleterre : faire le commerce, posséder des meubles et immeubles, se livrer à des entreprises industrielles ou agricoles, etc. Elle est cependant tenue de régler, dans le délai d'un an, par une convention particulière, toutes les questions relatives à la formation de son capital, à sa comptabilité et aux points de détail concernant son administration comme Société privée.

Toutes les autorités civiles et militaires d'Angleterre ou des colonies sont sommées de prêter leur concours et leur appui à la Compagnie et à ses agents.

*
* *

Une dernière disposition, et non la moins importante, prévoyant le cas où la Compagnie refuserait de se soumettre à quelqu'une des conditions précitées, réserve en ce cas, à la Couronne, le droit de révoquer la charte.

*
* *

Caractère de la nouvelle charte. — Différences entre elle et les chartes du XVIIe et du XVIIIe siècle

C'est dans ces termes que fut rédigée la charte de Bornéo, qui servit de modèle aux autres documents de ce genre publiés dans la suite par la Couronne britannique. Cette charte, ainsi qu'on a pu le remarquer, s'éloigne fort, par son esprit, des chartes accordées au xviie et au xviiie siècle. « Elle
« diffère essentiellement des chartes précédem-
« ment octroyées, disait la dépêche de lord Gran-
« ville à l'ambassadeur d'Angleterre à Madrid, en
« ce que, dans le cas présent, la Couronne n'as-
« sume aucune souveraineté sur les territoires

« occupés par la Compagnie, et n'accorde aucuns
« pouvoirs de gouvernement sur ceux-ci. Elle
« confère simplement à l'association le caractère
« d'une corporation régulière, et reconnaît les con-
« cessions territoriales et les droits souverains
« accordés par les sultans. Elle en diffère encore
« en ce que, loin d'accorder, elle interdit stricte-
« ment un monopole général du commerce. » En
ce qui concerne le premier point, la situation de
la Compagnie de Bornéo est, en effet, d'une nature
très particulière, et diffère même de celles des
Compagnies fondées postérieurement. Tandis que
les autres chartes concernent généralement des
territoires déjà soumis à la souveraineté anglaise
pour une grande part, ou tout au moins compris
dans une sphère d'influence britannique, la Compagnie de Bornéo opère sur un territoire à la possession duquel la Grande-Bretagne ne pouvait pas
élever la moindre prétention. Sans doute, l'occupation de l'île par la Compagnie devait ouvrir au
Gouvernement la perspective d'une annexion ou
d'un protectorat ; mais ce n'était pas une prévision
dont il pouvait ouvertement faire état. Comment,
dès lors, expliquer, au point de vue des intérêts
anglais, la concession de la charte et la promesse
de protection officielle qu'elle impliquait ? M. Gladstone, en défendant la charte à la Chambre des Communes, résumait la question, en rappelant que « le

« Gouvernement n'avait pas le pouvoir de dire à
« la Compagnie : vous n'exercerez pas les droits
« obtenus par votre concession. Le Gouvernement
« avait seulement à décider s'il était préférable
« que la Compagnie exerçât ces droits sans aucune
« responsabilité devant le pays, sans aucun con-
« trôle, ou qu'elle les exerçât, au contraire, sous
« certaines conditions, permettant à tout moment
« d'empêcher quelque abus dans l'exercice de ces
« droits. »

En effet, à défaut de charte, la Compagnie se fût constituée selon les formes ordinaires prévues par les *Companies Acts*. Du moment qu'elle se conformait à celles-ci, relatives uniquement à la vie privée des Sociétés, le Gouvernement n'avait aucun droit de contrôler son mode d'administrer des territoires et d'exercer des droits qu'elle ne tenait pas de lui, mais d'un souverain étranger. Elle n'en pouvait pas moins compromettre, par des abus de pouvoir, l'honneur britannique, puisque, dans sa constitution privée, elle demeurait anglaise. Au contraire, en usant de la forme solennelle d'une charte d'incorporation, la Compagnie recevait non seulement une existence régulière, mais ce mode de constitution lui donnait un prestige moral considérable, et, tout en obtenant un statut légal, elle n'était pas entravée par les règles ordinaires des Compagnies commerciales, peu conciliables avec son caractère souverain, telle l'obligation d'inscrire la mention *limited* après son nom. D'autre part, la charte autorisait le Gouvernement à exercer sur la gestion de la Compagnie un certain contrôle qui lui eût été interdit, si celle-ci avait été formée sous le régime de droit commun. Ce contrôle, quoique se réduisant au droit de présenter des observations concernant la politique suivie par la Compagnie, notamment dans le traitement des indigènes et dans les relations avec les puissances étrangères, était suffisant pour empêcher les abus, puisque tout refus de se rendre à ces observations pouvait entraîner l'annulation de la charte.

Situation équivoque de la Compagnie au point de vue du droit international

La création de la Compagnie de Bornéo a soulevé une question intéressante de droit international. La Compagnie, quoique pourvue d'une charte, restait néanmoins une association privée, et sa situation était celle d'un simple particulier au point de vue diplomatique. D'après des principes traditionnels en Angleterre, elle ne pouvait, par conséquent, acquérir de droits souverains qu'au profit de la métropole, et non pour elle-même. Or M. Gladstone, à la Chambre des Communes, et lord Granville à la Chambre des Lords, déclarèrent formellement que l'octroi de la charte n'entraînait nullement une reconnaissance de souveraineté britannique sur les territoires possédés par la Compagnie. Il n'est pas défendu de croire que les circonstances politiques ont contribué à leur faire adopter cette manière de voir, qui permettait à la fois de calmer les inquiétudes de l'Espagne et des Pays-Bas à l'extérieur, et à l'intérieur celle des « Little Englanders », c'est-à-dire des Anglais opposés à une expansion coloniale trop rapide. On a cherché à expliquer cette solution en disant que, par les déclarations rapportées ci-dessus, la Compagnie n'était néanmoins pas reconnue comme un État indépendant, mais comme administrant au nom du sultan un État de celui-ci, pour lequel elle lui paye un tribut annuel[1]. Cette explication est peu décisive. D'après elle, la Compagnie serait restée toujours dépendante du sultan, et les territoires du Nord-Bornéo ne seraient pas sortis de sa souveraineté. Cela concorde assez peu avec la concession qu'il accorda et par laquelle il instituait la Compagnie souveraine absolue des territoires concédés et lui aban-

---

[1] Réponse de sir J. Fergusson, sous-secrétaire d'État aux Affaires étrangères, à une question posée par sir J. Campbell, dans la séance du 25 février 1889 à la Chambre des Communes. Cf. *Times*, 26 février 1889.

donnait les droits les plus étendus, sans réserve d'aucune sorte, pas même concernant les relations extérieures. Quant à la somme payée annuellement par la Compagnie, elle ne pouvait être considérée comme un tribut de vassalité, mais seulement comme un payement divisé de la concession. La Compagnie dépendait si peu du sultan que, lorsque, quelques années plus tard, l'Angleterre étendit son protectorat sur une grande partie de l'île, la convention relative aux territoires de Nord-Bornéo fut conclue directement avec la Compagnie, sans qu'il fût même question d'en référer au sultan de Brunéi. La convention qui fut conclue vers la même époque avec le sultan, et par laquelle il acceptait à son tour le protectorat britannique, était entièrement distincte de la précédente et ne concernait que les territoires qu'il s'était réservés en propre.

§ III. — La *British North Borneo Company* depuis l'octroi de la charte jusqu'à nos jours

La nouvelle Compagnie, dont la fondation avait marqué une date si importante dans l'histoire coloniale contemporaine, a poursuivi jusqu'à nos jours l'œuvre qu'elle avait entreprise.

Lorsqu'elle commença ses opérations en 1882,

le capital social (*capital authorised*) était de
£ 2.000.000, représentées par 100.000 actions de
20 livres, converties dans la suite en deux millions
d'actions de 1 livre chacune. Sur ce capital, il ne
fut versé à cette époque que £ 383.000, soit à peu
près 9 millions et demi de francs. C'était bien
peu pour entreprendre l'œuvre énorme qu'elle voulait réaliser. Il s'agissait de soutenir un véritable
État, avec tous ses rouages, ou plutôt de le créer
de toutes pièces, tant était grand le désordre qui
régnait dans le Nord-Bornéo, quand la Compagnie en prit possession.

Objet propre de la Compagnie : « Compagnie de Gouvernement »

La Compagnie résolut, dès l'origine, de circonscrire son activité et de préciser son rôle. La faiblesse de son capital ne lui permettait pas d'entreprendre elle-même de vastes opérations commerciales. Elle résolut donc, contrairement à ce que fit plus tard la Compagnie du Niger, de ne pas faire la concurrence aux particuliers, mais d'ouvrir largement le pays à l'initiative privée et d'y attirer les capitaux et les travailleurs, elle-même restant surtout un organe administratif, dirigeant et encourageant les efforts privés. « Mais quelle raison, se demande dans sa brochure sur Bornéo, M. Treacher, le premier gouverneur nommé par la Compagnie, a pu, dans ce cas, « décider celle-ci à entreprendre le gouvernement « d'une contrée tropicale, située à 10.000 milles « de Londres? Les Anglais n'ont pas coutume de « dépenser des centaines de mille livres dans le « seul but philanthropique de fournir une meil-« leure administration aux races orientales ! » Et il répond : « Le vrai but a été de compléter « l'œuvre des pionniers de la première heure, en « faisant mieux connaître le pays et en cherchant « des revenus dans les opérations suivantes : la « location du droit d'exploiter les forêts et les « mines ; l'établissement de droits de douane « raisonnables ; l'affermage ou la vente de l'alcool, « de l'opium et du tabac ; la vente des terres après « leur mise en valeur par la main-d'œuvre chi-« noise ; bref, en recourant à toutes les sources de « revenus auxquelles s'adressent les colonies « orientales de la Couronne. » La Compagnie a donc assumé la mission d'un véritable Gouvernement, se contentant des profits qu'elle pourrait réaliser de ce chef, et elle s'est confinée assez fidèlement dans ce rôle jusqu'aujourd'hui. Cette politique a, sans aucun doute, contribué à la prospérité de Bornéo.

Organisation administrative du territoire

Les territoires de la Compagnie, situés dans la pointe septentrionale de l'île, forment un triangle irrégulier dont deux côtés, sur une étendue de plus de 950 kilomètres, sont baignés par la mer. La population est assez peu nombreuse, aisée à gouverner, et grâce au voisinage de la Chine, qui n'est guère éloignée que de cinq jours de navigation, la main-d'œuvre à bon marché est facile à trouver. Ce sont autant de circonstances favorables au développement de Bornéo.

La Compagnie divisa le pays en neuf provinces, pour la facilité de son administration, et donna à chacune d'elles le nom d'un des principaux fondateurs: *Province Alcock*, — *Province Cualiffe*, — *Province Dent*, — *Province Dewhurst*, — *Province Elphinstone*, — *Province Keppel*, — *Province Martin*, — *Province Mayne*, — *Province Myburgh*. Le nombre des fonctionnaires envoyés par la Compagnie fut relativement restreint. Ces fonctionnaires étaient : le gouverneur général assisté du trésorier, de douze juges et magistrats, deux résidents, trois officiers de santé, un *commissioner of Lands* chargé de veiller à la vente des terres, deux capitaines de port, et quelques autres officiers civils. Le total des appointements du corps administratif ne dépassait pas £ 13.000, ce qui est peu de chose, comparé au coût de l'administration impériale dans les colonies voisines.

L'administration judiciaire comprend le gouverneur, qui est le juge suprême en degré d'appel, les résidents qui sont juges de districts, et quelques magistrats inférieurs. Le Code pénal des Indes anglaises a été adopté à peu près dans son intégralité, ainsi que les lois qui y déterminent les règles de la procédure civile. Pour certaines matières, on s'en est référé aux règlements en vigueur aux îles Fiji. Enfin, quant au régime des terres, la plupart des prescriptions ont été empruntées au fameux *Torrens Act*, d'après lequel le titre de propriété repose sur l'enregistrement.

Autant que possible, la Compagnie a confié aux chefs indigènes le soin de maintenir l'ordre dans leurs districts respectifs, et, en fait, les natifs comparaissent rarement devant les magistrats européens, à un titre quelconque. La charte interdit d'ailleurs à la Compagnie de porter atteinte aux coutumes du pays.

Autour du gouverneur, siège une sorte de Conseil législatif composé des principaux fonctionnaires et de quelques chefs indigènes; mais il ne faut pas l'oublier, l'autorité suprême réside toujours dans la *Court of Directors*, qui siège à Londres et règle souverainement les affaires de la Compagnie, sauf à en référer à l'assemblée des actionnaires, qui se réunit deux fois par an, aux mois de juillet et de décembre. Cette assemblée offre dans ses délibérations un singulier mélange de préoccupations politiques et de préoccupations d'ordre purement financier. On y acclame avec le même enthousiasme les résultats humanitaires et politiques de l'œuvre de la Compagnie et l'annonce d'un excédent de recettes. C'est une des caractéristiques les plus intéressantes des nouvelles Compagnies à charte que la combinaison de ces divers sentiments : d'une part, le désir légitime de tirer un profit de l'entreprise, et, de l'autre, le souci très sincère de servir les intérêts de l'humanité et ceux de l'empire britannique. Ce ne sont pas, en effet, des spéculateurs ordinaires que les actionnaires des Compagnies à charte. Ceux-là n'y trouveraient sans doute pas un intérêt assez rémunérateur, assez immédiat des fonds qu'ils pourraient y engager. Ceux qui souscrivent à des entreprises de cette nature savent qu'ils ne peuvent espérer recevoir un intérêt de leur argent que dans un avenir peut-être lointain ; mais ils s'en accommodent, fiers de collaborer à la formation d'un nouvel État qui deviendra plus tard, grâce à eux, une nouvelle province de l'empire.

Dans ces assemblées générales de la Compagnie, il est d'usage que le président de la Cour des directeurs, c'est-à-dire du Conseil d'administration, expose ce qui a été fait à Bornéo durant l'exercice précédent. On peut trouver dans ces rapports, où sont exprimées sans détour toutes les inquiétudes et toutes les espérances des directeurs, un résumé de l'œuvre de la Compagnie, depuis sa fondation jusqu'aujourd'hui.

On peut conclure de ce qui précède que la direction générale des affaires appartient à la Cour des directeurs, représentant l'assemblée des actionnaires, et que le pouvoir exécutif est délégué au gouverneur général résidant à Bornéo, qui se trouve être, somme toute, une sorte de directeur-gérant. On comprend cependant que l'énorme distance qui le sépare de Londres, et, jusqu'à ces dernières années, l'absence de communications télégraphiques avec les principaux centres du territoire, lui aient assuré une position assez indépendante et une grande liberté d'action.

Cette administration, créée de toutes pièces par la Compagnie, a bien rempli sa mission. Lord Brassey, dans un article paru au mois d'août 1887, dans le *Nineteenth Century*, écrivait, avec la grande autorité qui s'attache à son nom : « Un « examen, fait sur les lieux, de ce qui a été accom- « pli à Bornéo, permet de former les plus belles « espérances sur son avenir. Une grande difficulté « pour la Compagnie résidait dans ce fait qu'elle

« était dépourvue du prestige et du pouvoir d'une
« grande nation, tout en devant couvrir l'An-
« gleterre contre des susceptibilités internatio-
« nales. Graduellement, et par des moyens paci-
« fiques, elle a cependant fait régner l'ordre dans
« une contrée barbare. Elle a ouvert un nouveau
« champ de travail à l'activité de la population
« débordante de la Chine. Tous les vaisseaux, à
« quelque nationalité qu'ils appartiennent, sont
« également bien accueillis dans ses ports. La
« prospérité d'une contrée ainsi administrée est
« un bienfait pour l'humanité. » La difficulté particulière signalée par lord Brassey, et qui résulte de
la qualité d'association privée de la Compagnie, est
aussi attestée par M. Treacher, premier gouverneur de la Compagnie, dans ses notes sur Bornéo.
Avant que la Compagnie eût reçu sa charte et
lorsqu'elle usait encore du pavillon de la maison
Dent, les natifs refusèrent fréquemment de reconnaître son autorité, n'ayant aucune garantie de sa
stabilité future, et prévoyant pour elle un sort
semblable à celui de la Compagnie américaine
qui l'avait précédée. Mais, lorsqu'ils l'ont vue
arborer le pavillon anglais chargé de son propre
écusson, leur attitude s'est immédiatement modifiée, encore qu'ils comprissent bien qu'ils avaient
affaire à une simple association privée. La
Compagnie n'avait sans doute pas à leurs yeux

tout le prestige d'une grande nation appuyée par une flotte et une armée puissantes; mais, du moins, la savait-on protégée par les couleurs britanniques. Malgré les difficultés de sa situation, elle ne disposa jamais que d'une force armée peu considérable : trois cents hommes au début, des *Sikhs* pour la plupart, renforcés plus tard de quelques recrues indigènes. Un détachement de cette troupe, composé de soldats *Dyaks*, a figuré aux fêtes du dernier jubilé de la reine d'Angleterre, à côté des troupes envoyées de tous les points du monde britannique, pour glorifier cette grande fête de l'empire. Dans les comptes de l'exercice 1897, les dépenses militaires ne figurent que pour 67.408 dollars, ce qui fait seulement 337.040 francs. Si l'on compare ce chiffre de dépenses à celui inscrit pour le même article aux budgets des colonies de la Couronne, on doit reconnaître que la Compagnie de Bornéo a réalisé parfaitement une mission difficile avec un minimum de dépenses.

« Land Regulations »

Administrée d'une façon aussi simple, la Compagnie s'est volontairement interdit d'entreprendre des opérations commerciales par elle-même et s'est renfermée dans sa mission gouvernementale. Une des principales sources de ses revenus a été la vente des terres. D'après les *Land Regulations* de 1894, modifiées par un acte du 31 août 1897, elle s'est réservée d'une façon absolue le droit de disposer de la propriété foncière, ne permettant même aux indigènes de vendre leurs propres biens aux étrangers qu'en passant par son intermédiaire, c'est-à-dire en les lui vendant d'abord à elle-même, qui les recède ensuite au véritable acheteur. Encore la Compagnie ne concède-t-elle jamais de terres que par des baux de 999 ans. Le prix minimum est fixé à 12 dollars par acre pour les terres destinées à la culture du tabac, et à 3 dollars pour les autres. Certaines facilités de payement sont accordées aux acheteurs; ils peuvent notamment ne payer que la moitié du prix comptant, et se libérer du surplus par annuités. Les terres doivent être vendues en adjudication publique. Mais, si l'adjudication est restée sans résultat, elles peuvent être vendues de la main à la main.

D'après les mêmes *Land Regulations*, la propriété des gisements de charbon, de pétrole, de pierres précieuses et de tous minéraux est expressément réservée au Gouvernement, qui peut à son gré délivrer des licences permettant leur exploitation. Il en est de même des dépôts de guano et des nids d'hirondelles comestibles, que l'on rencontre en assez grande quantité à Bornéo.

Les ventes de terres ont rapporté à la Compagnie plus de 150.000 dollars de 1883 à 1890, puis est survenue une crise dont elle se ressent encore, et durant ces trois dernières années, de 1894 à 1897, le profit réalisé de ce chef n'a pas atteint plus de 15.000 dollars.

Culture du tabac

Des sociétés nombreuses, une vingtaine, se sont formées pour exploiter des plantations de tabac sur les territoires de Nord-Bornéo. La plupart étaient fondées par des Anglais ou des Hollandais. Toutes n'ont pas réussi dans leurs essais ; mais la culture du tabac a pris néanmoins, à Bornéo, durant ces dernières années, une importance extraordinaire. Tandis que le tabac exporté en 1885 représentait seulement une valeur de 1.618 dollars, il entre aujourd'hui pour 1.686.173 dollars dans les chiffres généraux d'exportation de l'année 1897. La qualité en est bonne, et, dans le concours ouvert il y a quelques années par la Chambre de commerce de Londres entre les divers tabacs croissant dans les colonies anglaises, il a été classé premier avec celui de la Jamaïque.

Recettes et dépenses. — Commerce général

Les autres articles principaux du commerce d'exportation de Bornéo sont les bois, pour 117.916 dollars, le cutch pour 232.460, les rotins pour 127.332, la farine de sagou pour 121.765. A l'importation, on remarque surtout les étoffes, 254.905, le riz et le blé, 463.357, etc. Le meilleur moyen de se rendre compte de la vie économique de Bornéo est de jeter un coup d'œil sur un tableau que nous avons dressé, d'après les indications officielles des rapports annuels :

	RECETTES « on revenue accounts »	DÉPENSES « on revenue accounts »	IMPORTATIONS[1]	EXPORTATIONS
	£	£	$	$
1882 — 83	16.922	79.715	429.919	159.127
1884	17.672	46.782	377.885	184.173
1885	19.258	43.921	648.318	401.640
1886	21.726	40.680	849.115	524.724
1887	23.273	37.580	958.642	535.267
1888	25.130	40.153	1.261.997	525.875
1889	40.962	63.834	1.799.620	701.433
1890	61.722	70.699	2.018.080	901.290
1891	69.779	81.339	1.936.547	1.238.277
1892	51.118	58.537	1.355.864	1.762.246
1893	32.816	43.874	1.116.714	1.780.593
1894	36.420	39.316	1.329.066	1.698.543
1895	40.738	39.726	1.663.906	2.130.600
1896	44.285	40.270	1.882.188	2.473.753
1897	45.487	37.660	1.887.498	2.942.293

[1] Les chiffres des comptes dressés dans la colonie elle-même sont indiqués en *dollars*.

L'examen de ce tableau permet de constater l'énorme différence qui existe entre l'état des choses, lors de la fondation de la Compagnie, et la situation présente. En ces quinze ans, le chiffre des exportations est devenu vingt fois plus élevé, celui des importations, quatre fois plus élevé, et les recettes de leur côté ont quadruplé, tandis que les dépenses diminuaient de moitié. Dans l'intervalle, on remarque néanmoins des oscillations très sérieuses. Elles sont le résultat de la crise qui a sévi, il y a six ou sept ans, à la suite des spéculations sur les terrains. Aujourd'hui la situation s'est pleinement raffermie, et Nord-Bornéo peut être désormais considéré comme une colonie *self-supporting*.

Déclaration de protectorat anglais en 1888

En 1888, la Compagnie a régularisé sa situation internationale en se plaçant sous le protectorat de l'Angleterre. Elle s'y trouvait déjà en fait, sinon en droit, et la convention, passée le 12 mai 1888, le reconnaît implicitement. Elle déclare que « l'État
« de Nord-Bornéo sera désormais placé sous le
« protectorat britannique, ce qui conférera à
« Sa Majesté le droit d'intervenir davantage et
« d'une façon plus directe qu'il n'était prévu par
« la charte, dans l'administration de la Compa-

« gnie » (art. II). La direction des relations extérieures de Nord-Bornéo est, en vertu de cet acte, entièrement réservée au Gouvernement de Sa Majesté (art. III); mais ceci n'est pas nouveau, puisque la charte elle-même permettait à celui-ci de présenter en ces matières des observations auxquelles la Compagnie était tenue de se soumettre. Les articles suivants stipulent pour l'Angleterre le traitement de la nation la plus favorisée, et lui reconnaissent le droit de s'opposer à toute aliénation partielle ou totale du territoire de Nord-Bornéo à un État étranger. Des conventions analogues conclues la même année par l'Angleterre avec le rajah de Sarawak et le sultan de Bruneï, ont donné à l'influence anglaise une place prépondérante dans l'île de Bornéo. Cette prépondérance, elle l'a due à de simples particuliers qui ont agi pour elle, tout en travaillant pour leurs intérêts propres : d'une part sir J. Brooke, devenu rajah de Sarawak, d'autre part la Compagnie devenue souveraine de l'État de Nord-Bornéo.

La Compagnie a tout récemment éprouvé les effets bienfaisants du protectorat britannique, comme le constatent les rapports de M. Cowie, directeur de la Compagnie, envoyé à Bornéo de janvier à mai 1898 pour réprimer la révolte suscitée par un indigène nommé Mat Salleh. M. Cowie y relate l'aide efficace apportée par l'équipage de deux navires anglais, le *Plover* et le *Swift* pour la pacification du pays.

Coup d'œil rétrospectif

Pour juger de l'œuvre accomplie par la Compagnie, il suffit de se reporter successivement à ces deux dates : 1881 et 1898. En 1881, toute la partie septentrionale de l'île de Bornéo était encore livrée au désordre le plus complet. Quelques petits chefs régnaient dans l'intérieur ; quant aux côtes, elles étaient dévastées par les pirates. La souveraineté des sultans de Bruneï et de Sulu y était si peu assurée qu'ils avaient cédé sans hésitation tous leurs droits à une Compagnie américaine, et qu'ils renouvelèrent cette cession en faveur de la Compagnie actuelle, moyennant une compensation pécuniaire fort modique. Les cultures étaient insignifiantes ; celle du tabac à peine soupçonnée. Dix-sept ans plus tard, on constate une transformation radicale. Un Gouvernement régulier est établi, et son administration se montre digne de tous éloges. Les indigènes, qui sont toujours assez exposés sous le régime d'une Compagnie à charte, ne sont assurément pas accablés par les redevances et les impôts, puisque ceux-ci se montent seulement à 1 shilling et quart, soit fr. 1,55 par tête d'habitant, alors que, dans les colonies voisines, ils s'élèvent à une somme infiniment plus considérable, en moyenne de 5 à 12 shillings dans l'Inde, 8 shillings à Ceylan, de 6 à 16 shillings à Java, et environ 4 shillings aux îles Fiji. En retour, ils ont profité de toutes les améliorations que leur a apportées la civilisation. M. Pryer, dans une conférence faite à la Chambre de commerce de Londres, citait plaisamment cet exemple d'un village situé au nord de Sandakan, où, depuis cinq ans, on avait défriché plus de 15.000 acres de forêts, et dont la population, naguère encore barbare, usait aujourd'hui des « biscuits d'Huntley and Palmer et des pickles de Crosse and Blackwell ». Il est en tous cas bien certain que l'état général de la population s'est sensiblement amélioré, non seulement au point de vue matériel, mais encore au point de vue moral, grâce surtout aux missionnaires protestants et catholiques, que la Compagnie a attirés dans ses territoires et qui y ont fondé des établissements florissants. La culture du sol a pris une extension extraordinaire ; les chiffres d'exportation des produits et notamment du tabac en sont la preuve. Quant aux voies de communications, elles étaient à peu près nulles, et aujourd'hui des routes ont été construites, des steamers circulent sur les principales rivières, un chemin de fer traversant le pays de la côte occidentale à la côte orientale est en bonne voie de construction, et une

ligne télégraphique relie Sandakan à Labuan et à l'Europe. Ce sont autant de résultats d'utilité générale qui sont suffisamment éloquents par euxmêmes. Il faut y ajouter une considération d'ordre plus spécial, mais d'une importance capitale au point de vue britannique : en 1881, l'influence de l'Angleterre était à peu près nulle dans l'île, et si le Gouvernement s'était avisé de tenter une occupation même partielle de celle-ci, il eût déchaîné une tempête de protestations, de la part des puissances étrangères, et en même temps de la part d'un grand nombre d'Anglais adversaires d'une extension excessive de l'empire. Aujourd'hui l'Angleterre est maîtresse, en fait, d'une grande partie de l'île, et son commerce y domine le marché. Il ne lui en a rien coûté ; les inquiétudes internationales ou nationales ont à peine été éveillées par son infiltration progressive dans la direction des affaires de Bornéo. Elle le doit à la Compagnie qui a supporté les dépenses d'occupation du territoire et a masqué son action. En résumé, l'on peut dire avec un écrivain anglais, que « la Compagnie a réussi à conserver pour la
« Grande-Bretagne une possession d'un grand inté-
« rêt et d'une grande valeur impériale, tout en
« convertissant cette possession en une colonie
« d'une réelle prospérité présente et qui en laisse
« espérer encore davantage pour l'avenir ».

On objectera peut-être que, si les résultats obtenus par la Compagnie ont été remarquables au point de vue de la cause de la civilisation, et au point de vue des intérêts britanniques, il n'en a pas été tout à fait de même au point de vue des intérêts pécuniaires de ses actionnaires. Ceux-ci, il faut le reconnaître, ne connaissent guère la satisfaction de toucher des dividendes. Mais cette situation financière, qui semble d'ailleurs devoir se modifier prochainement, est une conséquence non pas de l'administration du pays par une Compagnie à charte, mais des difficultés inhérentes à la fondation de toute colonie et dont beaucoup sont aujourd'hui aplanies. Il y a tout lieu de croire que, si le Gouvernement impérial l'avait entreprise lui-même, moins économe des deniers des contribuables que les directeurs de Compagnies ne le sont de ceux de leurs actionnaires, la situation financière eût été beaucoup plus médiocre qu'elle ne l'est. Quant à ceux qui objectent la supériorité de l'administration impériale dans la mise en valeur de contrées nouvelles, et qui le font à propos de Bornéo, leur raisonnement est sans application. En effet, il n'y avait pas à choisir, en 1881, entre l'occupation du Nord-Bornéo par le Gouvernement anglais ou par une Compagnie à charte. Le premier n'aurait pu ni voulu effectuer alors cette occupation. Il n'y avait en présence que ces deux solutions : se désintéresser de l'île, ou protéger une Compagnie, anglaise par ses capitaux, par ses fondateurs, par ses intérêts, dans sa prise de possession régulière du territoire. Lorsqu'on réfléchit aujourd'hui aux événements survenus depuis lors, et qu'on considère les résultats matériels et moraux obtenus par la Compagnie, il est impossible de ne pas reconnaître que le Gouvernement anglais fit œuvre habile et prévoyante en s'arrêtant à la seconde de ces deux solutions.

CHAPITRE II

LA « ROYAL NIGER COMPANY »

§ I. — Le bassin du Niger sous le régime des associations commerciales privées

Depuis un siècle à peine, les découvertes de Mungo-Park et des explorateurs qui suivirent ses traces ont fait connaître à l'Europe le bassin du Niger. Bien que des factoreries eussent été, longtemps auparavant, fondées tout le long de la côte occidentale d'Afrique, l'établissement d'un commerce régulier dans la région du Niger date seulement de la seconde moitié du XIXe siècle.

Sociétés commerciales privées

Vers 1865, une Compagnie anglaise, la *Western African Company*, commença ses opérations, et, peu après, d'autres maisons anglaises, notamment MM. Holland, Jacquer et C°, Alexander Miller Bros., et M. Pinnock, s'établirent sur le fleuve, bientôt suivies par la *Central African Company*. Le commerce néanmoins ne paraît pas avoir prospéré beaucoup jusqu'en 1879, époque à laquelle ces différentes firmes se fondirent en une seule, l'*United African Company*, au capital de £250.000.

D'autre part, les Français qui surveillaient avec intérêt les progrès du commerce européen dans le bassin du Niger avaient eux-mêmes, sous l'inspiration de Gambetta, fondé deux associations : la *Compagnie française de l'Afrique équatoriale* et la *Compagnie du Sénégal et de la Côte occidentale d'Afrique*, toutes deux pourvues de capitaux considérables. Elles avaient établi une trentaine de stations qui menaçaient singulièrement l'extension éventuelle de l'influence anglaise vers le Haut Niger. Cette concurrence internationale aviva le mouvement d'affaires de la Compagnie anglaise, qui redoubla d'activité, multiplia ses propres stations, enleva presque partout les marchés aux agents des Compagnies rivales, et porta son capital à £ 1.000.000.

La « National African Company »

En même temps elle transformait son titre en celui de *National African Company*, sous lequel s'accusaient déjà des ambitions britanniques. Elle tenta aussi, à deux reprises, d'obtenir une charte d'incorporation ; mais celle-ci lui fut refusée, la première fois à cause de la faiblesse de son capital, qu'elle n'avait pas encore augmenté, la seconde fois parce que le Gouvernement redoutait à cette époque les protestations des puissances dont les sujets possédaient encore quelques comptoirs dans le Bas Niger. L'habileté de sir George Taubman-Goldie, qui était déjà, alors comme maintenant, la cheville ouvrière de la Compagnie anglaise, fit si bien qu'en 1884 celle-ci parvint à reprendre le commerce et le matériel de ses rivales au prix de 6.000 de ses actions entièrement libérées.

Son capital avait été divisé en 100.000 actions, de £10 chacune, dont 31.000 furent entièrement libérées dès l'émission, et les autres à concurrence de £2, ce qui lui donnait, en chiffres ronds, un capital versé de 11 millions de francs.

Un autre danger la menaçait : les limites méridionales de son champ d'action dans l'intérieur n'étaient pas encore déterminées de façon précise, et les Allemands, qui s'étaient établis déjà dans le Cameroun semblaient disposés à tirer parti de cette situation mal définie pour étendre leurs frontières de ce côté. L'explorateur Flegel quittait Berlin en avril 1885, sous les auspices des sociétés coloniales allemandes, avec un plan qui ne laissait pas de doute sur ses intentions à cet égard. Mais la *National African Company* avait eu vent de ces projets et avait immédiatement chargé l'un de ses agents, M. Thomson, de remonter le Niger et de s'assurer par des traités en due forme la possession de ses deux rives. Thomson quittait la côte en mars 1885, avant même que Flegel eût quitté Berlin, et concluait avec les sultans de Sokoto et de Gando des traités qui préparaient la suzeraineté de la Compagnie sur leurs vastes possessions. En retournant à la côte, Thomson rencontra Flegel, qui arrivait trop tard, et qui mourut peu après. Un autre explorateur allemand, le Dr Standinger, tenta à son tour de conclure, avec les sultans du Niger, des traités favorables à l'Allemagne, mais partout la Compagnie anglaise l'avait devancé. Les Anglais restaient les maîtres de la plus grande partie de la région du Niger, grâce à l'activité commerciale de simples particuliers.

Déclaration de protectorat anglais

Le Gouvernement britannique confirma cette situation de fait, en déclarant son protectorat sur les territoires situés entre Lagos et le Rio-del-Rey. Les limites plus précises de cette sphère d'influence devaient être ultérieurement fixées par diverses conventions internationales.

Jusqu'à cette époque la région du Niger avait été laissée à l'action privée de simples sociétés commerciales. La *National African Company* elle-même, si puissante fût-elle, n'était autre chose qu'une entreprise privée, sans aucun caractère politique. Lorsque l'Angleterre étendit son protectorat sur le Niger, elle en assuma nécessairement la responsabilité politique, avec la charge de l'administrer. Ne se souciant pas d'y intervenir directement, elle accepta la proposition de la *National African Company*, qui lui offrait de l'en décharger.

Octroi de la charte, 10 juillet 1886

En conséquence, elle lui accorda, le 10 juillet 1886, une charte d'incorporation qui lui donnait une consécration officielle, et, par les droits politiques qu'elle lui reconnaissait, en faisait une véritable Compagnie souveraine. En même temps la Compagnie changeait son nom en celui de *Royal Niger Company* et, après avoir lutté pour la suprématie commerciale dans le bassin du Niger avec des particuliers, elle se préparait à disputer à la France et à l'Allemagne la souveraineté du pays. Telles furent les circonstances dans lesquelles naquit un véritable État nouveau dans l'Afrique occidentale.

§ II. — La *Royal Niger Company*,
CHARTE DU 10 JUILLET 1886

L'acte d'incorporation accordé par le Gouvernement britannique à la *National African Company* avait pour principal objet de faire de celle-ci un corps politique, capable de tenir la place de l'État dans la prise de possession et l'administration des nouveaux territoires. Il superposait à l'organisation commerciale préexistante une organisation politique. La Compagnie, en même temps que le Gouvernement lui-même, y trouvait son avantage. C'est ce qui ressort plus ou moins clairement des termes de la pétition adressée à Sa Majesté et de ceux de la charte octroyée en réponse.

Pétition de la « National African Company »

Les pétitionnaires font observer qu'ils ont acquis des chefs indigènes, par des traités en due forme, nombre de concessions de toute nature ; qu'ils ont de plus racheté les droits de tous les autres commerçants qui trafiquaient dans le bassin du Niger, en sorte que leurs factoreries sont les seules qui soient établies dans cette région ; en conséquence ils demandent pour leur association le bénéfice d'une consécration officielle par une charte d'incorporation. Ils ajoutent que la situation générale des territoires concédés sera fort améliorée, si la Compagnie peut y étendre son influence. D'autre part, la charte elle-même reconnaît, dans son exposé des motifs, que le commerce britannique retirera grand profit d'une extension d'influence anglaise de ce côté. En résumé, la Compagnie fortifiait sa situation grâce au prestige et au caractère officiel que lui donnait la charte, et le Gouvernement trouvait un moyen aisé et économique d'établir l'influence anglaise sur une portion considérable du continent africain. Ces considérations déterminèrent la demande et l'octroi de la charte du 10 juillet 1886, qui régla dès lors l'existence politique de la Compagnie.

Charte de la « Royal Niger Company »

La charte se borne, selon la coutume des documents de cette nature émanés du Gouvernement britannique, à établir les lignes principales de l'organisation de la Compagnie, laissant à des dispositions ultérieures le soin de réglementer les points de détail. L'organisation de la Compagnie en tant qu'association privée et commerciale n'y est pas visée davantage.

La charte définit tout d'abord, dès son premier

article, le *privilège* de la Compagnie : « La Com-
« pagnie, dit-elle, reçoit par les présentes autori-
« sation et pouvoirs de retenir l'entier bénéfice des
« concessions obtenues des chefs indigènes [1], ainsi
« que tous les droits, pouvoirs et privilèges à l'ef-
« fet de gouverner, veiller à l'ordre public, pro-
« téger les territoires, pays et propriétés compris
« dans ces différentes concessions, *ou dans des*
« *territoires, pays et propriétés situés dans leur*
« *voisinage*, sous réserve de conserver et d'exploi-
« ter ces concessions, droits et intérêts, conformé-
« ment à l'objet de la Compagnie et aux termes
« de la présente charte. »

Cet article n'a pas trait seulement, comme on le voit, à la reconnaissance de concessions préexistantes, mais suppose la pénétration de la Compagnie vers l'intérieur, et par avance lui donne pleins pouvoirs à l'effet de remplir cette partie de son programme, essentielle aux yeux du Gouvernement.

Il faut rapprocher de cet article premier les termes de l'article XII, qui renouvellent l'autorisation, pour la Compagnie, d'acquérir par voie d'achat, cession ou tout autre moyen légitime, d'autres droits, intérêts ou pouvoirs, de quelque nature qu'ils soient, sur les territoires compris dans les traités prémentionnés, d'en

---

[1] Elles figurent dans plusieurs cédules annexées à la charte.

jouir et de s'en prévaloir, mais toujours conformément à l'objet de la Compagnie. En résumé, la combinaison de ces deux articles confirme, dans le chef de la nouvelle société reconstituée, la propriété des concessions appartenant précédemment à la *National African Company*, et prévoit, d'autre part, le cas de nouvelles acquisitions de territoire, qui sont pareillement autorisées, si elles sont opérées par des moyens légaux, et conformément aux termes de la charte et à l'objet de la Compagnie.

*
* *

Le droit de *posséder à titre de personne civile* des propriétés particulières lui est reconnu ; mais elle obtient, en outre, par l'article premier, *des attributions politiques*, comme l'indique ce passage : «... pouvoirs à l'effet de gouverner, veiller à l'ordre public, protéger lesdits territoires, etc. »

L'une de ces attributions politiques, celle du pouvoir judiciaire, est seule visée de façon spéciale dans la charte, à l'article XVI qui lui ordonne d'établir à ses frais une organisation judiciaire, et à l'article VIII qui détermine la manière dont la justice devra être rendue aux indigènes. Cet article porte que : « Dans la façon dont elle ren-
« dra la justice aux populations de ses terri-
« toires... la Compagnie devra toujours respec-
« ter scrupuleusement les coutumes et lois de

« la classe, tribu ou nation à laquelle appartiennent
« respectivement les parties, tant pour les droits
« de propriété que pour les droits personnels ».
Cette disposition spéciale de la charte est remarquable, car celle-ci ne s'occupe nulle part, ailleurs
que dans l'article I, où elle en établit le principe,
des autres droits souverains qu'elle accorde à la
Compagnie. Elle est d'ailleurs justifiée par les
abus fréquents dans la manière dont les Compagnies coloniales anciennes administraient la justice, oubliant trop souvent la dignité du pouvoir
public dont elles étaient revêtues pour exercer un
odieux arbitraire. La recommandation de l'article VIII à ce sujet peut paraître platonique. Cependant, indépendamment du droit de présenter des
observations, reconnu au Secrétaire d'État par
l'article IX, elle trouve une garantie d'observation
dans la sanction que les *General Provisions* édictent
pour toute inexécution des engagements de la
charte, c'est-à-dire la révocation de celle-ci par
le Gouvernement.

*
* *

La charte de la *Royal Niger Company* s'occupe,
à plusieurs reprises, de garantir *les droits et la
liberté des indigènes*. On le constate encore dans
l'article suivant : « Si, à un moment quelconque,
« notre Secrétaire d'État juge convenable de ne pas

« se rallier ou de s'opposer à l'un des procédés, quel
« qu'il soit, ou au système adopté par la Compagnie
« à l'égard des peuples de ces territoires... en ce qui
« touche à l'esclavage, la religion, la manière de
« rendre la justice ou à quelque autre point et
« de faire à la Compagnie quelque observation
« fondée sur ce dissentiment ou cette objection,
« la Compagnie devra y conformer ses actes. » Et
ailleurs : « La Compagnie fera tous ses efforts pour
« entraver, et, autant que cela sera possible, abo-
« lir par degrés tout système de servitude domes-
« tique existant parmi les naturels, et aucun
« étranger, soit européen ou autre, ne pourra se
« servir d'esclaves d'aucune espèce dans les terri-
« toires de la Compagnie. » L'article VII défend
également à la Compagnie de porter atteinte, en
quelque façon que ce soit, aux croyances religieuses des populations qui dépendent d'elle. Cette
sollicitude de la charte de la *Royal Niger Company* pour les indigènes soumis à sa domination
contraste singulièrement avec l'indifférence absolue
des chartes des anciennes Compagnies en cette matière, indifférence qui a provoqué l'une des critiques
les plus sérieuses contre le système des Compagnies.

*
* *

La charte se préoccupe aussi du soin d'assurer
un *caractère national* à la Compagnie dont elle

consacre les pouvoirs. « La Compagnie sera tou-
« jours et demeurera anglaise de caractère et de
« domicile ; elle aura toujours son principal éta-
« blissement en Angleterre, ses représentants dans
« les territoires susdits, et tous les directeurs
« seront toujours nés sujets britanniques, ou natu-
« ralisés tels par un acte du Parlement de notre
« Royaume-Uni » (art. III).

D'autre part, « la Compagnie devra arborer sur
« ses bâtiments, vaisseaux et territoires, tel pavil-
« lon distinctif indiquant le caractère anglais de
« la Compagnie... » (art. II). Cet article avait une importance d'autant plus considérable que la Compagnie avait repris les intérêts de Sociétés françaises établies dans l'Afrique occidentale et que de nombreux Français étaient ainsi devenus ses actionnaires.

*
* *

Le Gouvernement anglais, tout en accordant une autonomie considérable à la Compagnie du Niger, a cru sage d'indiquer dans la charte d'une façon précise les limites de son contrôle. Il le fait tout d'abord, comme il le fait du reste pour toutes les Compagnies, en ce qui concerne les relations extérieures. On conçoit que la métropole, tout en accordant à des Compagnies une liberté d'action dans leur administration intérieure, entende cependant se réserver à elle-même le soin de la politique extérieure de toutes les dépendances de l'empire. Aussi trouve-t-on au début de la charte la disposition suivante : « Si, à une époque « quelconque, notre Secrétaire d'État croit oppor- « tun de s'opposer à un arrangement de la Com- « pagnie avec une puissance étrangère, et d'adres- « ser à la Compagnie des injonctions basées sur « ce dissentiment ou cette difficulté, la Compagnie « sera tenue de s'y conformer » (art. V).

L'intervention du Secrétaire d'État se manifeste en bien d'autres circonstances, par exemple, quant aux cessions de privilèges que pourrait faire la Compagnie, et qui ne sont autorisées qu'avec le consentement du Secrétaire d'État. L'article XIII est encore plus strict, en ce qui concerne les conflits de prétentions. Il déclare que le Secrétaire d'État pourra s'opposer à l'exercice par la Compagnie de tout droit sur l'un ou l'autre des territoires qui lui sont reconnus, s'il le juge opportun, et en se fondant uniquement sur le fait d'une réclamation en sens contraire.

L'article XIV permet au Secrétaire d'État d'exiger de la Compagnie des comptes détaillés sur la perception, la répartition et l'emploi de toutes taxes établies par elle.

L'article XV oblige la Compagnie à se conformer à tous les traités préexistants, qui concernent les territoires qu'elle occupe.

Enfin les *General Provisions* qui terminent la charte portent qu'il « sera licite à la Couronne, si « cela lui paraît utile, de révoquer la présente « charte et réserve ce droit pour tous les suc- « cesseurs de la reine régnante ».

Si cette clause finale des *General Provisions* apparaît comme une sanction suprême et rigoureuse de toutes les dispositions précédentes, il est à remarquer cependant que ces mêmes *General Provisions*, dans les alinéas antérieurs, apportent certain correctif préalable, en « ordonnant et déclarant que la « présente charte doit être considérée comme ayant « le sens le plus libéral et le plus favorable au « point de vue des intérêts de la Compagnie, tant « devant les tribunaux du Royaume-Uni que devant « ceux de ses colonies et possessions », et que, de « plus, « la présente charte continuera à subsister « bonne et valable, nonobstant tout changement « légal dans le nom ou les statuts de la Compa- « gnie, mais toujours à cette condition que le chan- « gement soit intervenu avec l'assentiment du « Secrétaire d'État » (*General Provisions*, § 2 et 3).

*
* *

La charte prohibe le *monopole commercial*, ce qui différencie nettement la Compagnie du Niger des anciennes Compagnies coloniales, qui furent, à proprement parler, les seules véritables Compagnies

« privilégiées ». L'article XIV édicte cette prohibition. En même temps, il restreint au service des dépenses d'administration et de gouvernement l'établissement des *taxes* par la Compagnie. Ce droit de taxation est l'un des plus importants qui soient accordés à la Compagnie du Niger ; et, au contraire des autres associations qui l'avaient également reçu, telle que la *British East Africa Company*, elle eut l'occasion d'en faire un fructueux usage. Ces dispositions sont formulées à l'article XIV dans les termes suivants : « Rien, dans la présente
« charte, ne tendra à autoriser la Compagnie à
« accorder ou à imposer un monopole de commerce
« quelconque. Le commerce avec les territoires
« de la Compagnie... sera libre et soumis seule-
« ment aux taxes et droits de douane ci-autorisés
« et à des restrictions sur les importations, sem-
« blables, en l'espèce, à celles qui se pratiquent
« dans le Royaume-Uni... Les droits et taxes ci-
« dessus autorisés ne sont exigibles que dans le
« but de subvenir aux dépenses nécessaires du
« Gouvernement, c'est-à-dire au maintien de
« l'ordre, à l'administration de la justice... »

La charte du 10 juillet 1886 est moins complète et moins détaillée que celle accordée, en 1889, par la Couronne à la Compagnie de l'Afrique du Sud. Elle se contente de fixer les principes généraux d'organisation. Avec la charte de la *British*

North Borneo Company, elle constitue un premier essai de reconstitution des anciennes Compagnies coloniales, modifiées suivant les idées modernes, en ce qui concerne notamment le monopole commercial. L'essai a dû paraître favorable; puisqu'on a vu se constituer peu après et coup sur coup, l'*Imperial British East Africa Company*, et la *British South Africa Chartered Company*, qui, cette dernière surtout, ont joué un rôle si considérable dans l'histoire de l'Afrique pendant ces dernières années.

En superposant à l'organisation commerciale préexistante de la Compagnie du Niger une certaine part d'attributions politiques, qui en firent une véritable Compagnie souveraine, la charte de 1886 a laissé la personnalité commerciale subsister tout entière à côté de la personnalité politique. Ces deux caractères, restant en parfait équilibre sans que l'un se développe au détriment de l'autre, ainsi qu'il en advint pour la Compagnie de l'Afrique orientale, donnent la marque distinctive de l'œuvre de la *Royal Niger*. Elle sut, selon les circonstances, faire prévaloir l'un ou l'autre de ces caractères, et cette conduite servit fort bien ses intérêts. Mais, entraînée presque fatalement à se départir, au bénéfice de ses propres opérations commerciales, de la stricte impartialité à laquelle l'obligeait sa qualité de pouvoir politique, elle suscita, de la part du commerce libre, des protestations violentes.

§ III. — Administration de la *Royal Niger Company* jusqu'a nos jours

Champ d'action de la Compagnie

Lorsque la *Royal Niger Company* reçut sa charte d'incorporation, elle existait déjà depuis plusieurs années à l'état d'association commerciale. La charte ne vint pas sensiblement modifier sa situation au point de vue de ses intérêts privés, mais lui apporta tout d'un coup la charge d'une mission politique considérable, dont la première obligation était d'occuper pour l'Angleterre la plus grande portion possible du bassin du Niger. Une exception était faite cependant, en ce qui concernait les territoires de la côte qui étaient soustraits à son administration, et étaient soumis au contrôle direct du Gouvernement sous le nom de *Niger Coast Protectorate*. Cette exception s'expliquait par le fait que de nombreux commerçants possédaient encore des factoreries dans les territoires avoisinant la côte, et qu'il eût été injuste de les soumettre à l'administration d'une grande Compagnie qui faisait elle-même le commerce. Dans le reste du bassin du Niger, au contraire, la *National African Company*, devenue la

Royal Niger Company, trouvait moins de concurrents. L'hinterland lui fut donc réservé, ainsi qu'une bande de territoire sur chaque rive du Niger pour lui donner accès à l'océan. Le protectorat du Niger, administré par un commissaire britannique, est resté entièrement distinct des territoires de la Compagnie.

Ceux-ci, s'ils étaient bien délimités du côté de l'océan et du protectorat anglais, ne l'étaient nullement en ce qui concernait l'intérieur. Il y avait là une vaste « sphère d'influence » que la Compagnie espérait occuper plus ou moins tôt, mais qui, pour le moment, n'en restait pas moins livrée aux compétitions internationales. Afin de préciser dès maintenant les limites dans lesquelles s'exerça l'action de la Compagnie, il convient de devancer quelque peu les événements et de rappeler les diverses conventions qui vinrent régler les difficultés suscitées par cette situation équivoque.

Frontière allemande

Au sud-est, la Compagnie avait pour voisine immédiate l'Allemagne établie au Cameroun. Dès 1886, une convention fut conclue avec elle, pour fixer les frontières respectives des deux parties, et une seconde convention du 15 novembre 1893 vint renforcer et étendre les termes de la première.

D'après ces arrangements, la limite des sphères d'influence anglaise et allemande était une ligne qui, partant du Rio-del-Rey, se dirigeait sur la *Cross-River*, à un endroit désigné *Rapides*, sur la carte de l'Amirauté, de là sur Yola, et atteignait ensuite la rive sud du lac Tchad.

Frontière française

Les autres frontières, au nord et à l'ouest, devaient être déterminées de concert avec la France. Un premier arrangement intervint le 5 août 1890, en vertu duquel les territoires de la Compagnie furent reconnus s'étendre jusqu'à une ligne tirée de Say sur le Niger à Barrua sur le lac Tchad, de façon à comprendre l'étendue entière du royaume de Sokoto. Cette convention ne réglait pas encore la question de la frontière occidentale, qui a si vivement agité l'opinion publique des deux côtés de la Manche jusqu'en juin 1898. A cette époque, un arrangement fut conclu pour régler définitivement les difficultés pendantes. Les frontières des territoires de la France et de la Chartered sont, par cette convention, délimitées comme suit :

« La limite orientale du Yomba et des territoires du Niger est formée, jusqu'au 9° nord, par la limite fixée dans l'arrangement du 12 octobre 1890. De ce point une ligne est tirée sur le Niger à un autre point situé à 10 milles en amont de Giri, laissant par conséquent dans la sphère anglaise les villages de Tabira, Okuto, Boria, Teri, Obani, Yasikera et Dekala. La frontière suit ensuite le thalweg du Niger jusqu'à l'embouchure d'une rivière supposée être le Dalul Mauri, dont elle remonte le cours jusqu'à ce qu'elle touche la circonférence d'un cercle ayant pour centre la ville de Sokoto, et un rayon de 100 milles. Elle contourne l'arc septentrional de ce cercle jusqu'à ce qu'elle rencontre pour la seconde fois le quatorzième parallèle qu'elle suit pendant 70 milles. Elle redescend ensuite directement au sud, longe dans une direction Est le parallèle 13° 20′ N. sur une distance de 250 milles, et regagne ensuite le quatorzième parallèle pour ne plus le quitter qu'au lac Tchad.

D'après cette convention, la France abandonne les stations de Busa, Gomba et Ilo sur le Niger, et l'Angleterre de son côté renonce à ses droits sur Nikki et une grande partie du Borgu. Un des articles de la convention (art. VIII) consacre en sus la location à la France, pour une durée de trente ans, de deux petites concessions d'environ 50 hectares, n'impliquant d'autres droits que celui d'y élever des entrepôts pour marchandises, sans souveraineté territoriale.

Aspect général de la Nigeria
Population et production

Les territoires sur lesquels s'étend aujourd'hui l'administration de la Compagnie portent le nom officiel de *Niger Territories*. Dans le langage courant, on leur a donné le nom plus pittoresque de *Nigeria*. Leur étendue occupe plus de 500.000 milles carrés ; les estimations sur le chiffre de la population varient entre 20 et 40 millions d'habitants. Ils comprennent deux sections complètement distinctes l'une de l'autre, par les coutumes, la religion, le mode de gouvernement de leurs habitants. Bien des erreurs ont été répandues par les écrivains qui se sont occupés du Niger, faute d'avoir fait cette distinction. La partie méridionale de la *Nigeria*, c'est-à-dire un tiers environ de sa superficie totale, s'étend sur les deux rives du bas Niger, et au sud de la Binué. Elle est habitée par une foule de petites tribus, encore païennes et complètement barbares. Cette partie de la *Nigeria*, et surtout la région maritime, a été naturellement plus souvent visitée par les Européens que la région de l'intérieur, et l'opinion défavorable qu'ils en ont rapportée a souvent été étendue à la totalité du bassin du Niger. En fait, la

Compagnie n'attache qu'une importance accessoire à la portion de son domaine située sur le Bas Niger, tant à cause de la condition inférieure des peuplades qui l'habitent et qu'on ne peut espérer civiliser avant longtemps, qu'à cause de la médiocrité des ressources qu'offrent, pour son commerce, les forêts qui la couvrent.

L'autre partie de la *Nigeria*, celle qui est située entre le Sahara, au nord, et les deux branches du Niger et de la Binué au sud, présente des caractères entièrement différents. Cette région occupe une portion considérable du Soudan central. On tend souvent à réserver au domaine méridional de l'Égypte ce nom de Soudan. Il s'applique, en réalité, à toutes les contrées de population nègre qui vivent sous la règle de l'Islam. Par la religion de ses habitants, et par les grandes caravanes mi-religieuses, mi-commerciales, qui entretiennent sans cesse des relations entre elle et le reste de l'Afrique nord-équatoriale, la région intérieure de la *Nigeria* appartient, en réalité, au Soudan. On l'appelle assez souvent « Hausaland », du nom des Hausas ou Haoussas, qui forment la majorité de la population. C'est un peuple intelligent, industrieux, relativement civilisé, habitant une région fertile. Stanley a dit un jour, au Parlement anglais, que, de tous les peuples africains, eux seuls valaient un livre. Ils formaient jadis, au commen-

cement de ce siècle, sept grands royaumes qui furent conquis par une race plus guerrière, et d'origine probablement orientale : les Fulahs, qui fondèrent le vaste empire de Sokoto, dont presque toutes les tribus du Niger finirent par reconnaître la suzeraineté. Les Fulahs y ont constitué la classe gouvernante et militaire, les Hausas continuant à former le fond de la population. Au point de vue de la civilisation et de l'importance commerciale, le *Hausaland* ne peut être comparé avec la partie méridionale de la *Nigeria*. Il ne possède pas seulement des villages disséminés, mais de véritables villes, telles Kano, qu'on a surnommée « le Manchester de l'Afrique tropicale » et dont les foires attirent jusqu'à 30.000 trafiquants. La *Revue de Géographie* publiait, en 1897, un article du Dr Rouire, qui considère ce pays « comme
« un des plus riches et des plus populeux de
« l'Afrique. La Nigritie centrale, ajoutait-il, est la
« plus magnifique colonie d'exploitation qu'on
« puisse rêver. Le Soudan anglais est aussi riche
« par les produits du sol que par l'industrie de
« ses habitants. Les céréales, les fruits, le coton,
« le caoutchouc dans certaines régions, sont des
« objets courants d'exportation. C'est le pays des
« grandes villes : Bida, Kano, Yakoba, Illorin,
« Gando, Sokoto, dont certaines ont une popula-
« tion de plus de cent mille âmes. Les artisans et

« les ouvriers, très nombreux, sont groupés en
« corporations, comme l'étaient, aux siècles der-
« niers, les ouvriers d'Europe. »

Une grande partie des Hausas ont embrassé l'islamisme. L'ouvrage de Robinson sur le *Hausaland* reproduit la photographie d'une mosquée construite à Sokoto, qui a les proportions d'un véritable monument et témoigne d'une civilisation relativement avancée. La langue hausa est d'un usage presque général dans le Soudan central, et il s'est fondé à Londres une *Hausa Association* dont le but est l'étude scientifique de cette langue. Les relations du *Hausaland* avec les autres peuples soumis à la loi de l'Islam sont sans cesse entretenues par les caravanes des marchands arabes et celles des pèlerins hausas qui se rendent à La Mecque. Il y a douze ans, une proclamation du Madhi fut trouvée affichée dans une rue de Bida, dans la région du moyen Niger, à plus de 3.000 kilomètres de Khartoum, et l'une des principales causes du dernier soulèvement contre les Européens dans le *Hausaland* fut la réception à Sokoto, et dans le pays de Nupé, de lettres du Khalifa d'Omdurman appelant la population à la guerre sainte. Le fanatisme religieux n'y est pas aussi ardent cependant que dans le Soudan égyptien, sauf parmi les Fulahs; les Hausas eux-mêmes ont des mœurs assez paisibles. C'est pourquoi la politique de la Compagnie tend surtout à briser la suprématie dangereuse des premiers.

Situation politique du bassin du Niger

Lorsqu'en 1886 la Compagnie obtint avec sa charte l'administration de la *Nigeria*, la plus grande partie de celle-ci était encore soustraite à toute influence réelle des Européens. Les limites mêmes lesquelles cette influence pouvait s'étendre restaient indéterminées en ce qui concernait les droits respectifs des États européens. Trois d'entre eux avaient dès lors des prétentions avouées sur le bassin du Niger : c'étaient l'Allemagne, la France et l'Angleterre ; tous trois désiraient les réaliser au plus tôt, en occupant d'une manière effective les territoires occupés. L'Angleterre se reposa de ce soin sur une Compagnie à charte. Les résultats politiques atteints par celle-ci, si on les compare à ceux obtenus par l'action directe des Gouvernements rivaux, n'ont pas à faire regretter à la métropole anglaise de s'être confiée à l'initiative privée. La Compagnie, en effet, poussée par son propre intérêt à étendre son champ d'opérations, a en quelques années débordé de tous côtés, conclu plus de quatre cents traités avec les chefs indigènes, établi des postes à la fois commerciaux et politiques dans la vaste étendue de territoires qui étaient jusque-là *res nullius* au point de vue européen. Elle a permis de la sorte la conclusion de conventions avec la France et avec l'Allemagne, qui ont assuré gratuitement à la Grande-Bretagne la possession d'un domaine de plus d'un demi-million de milles carrés.

Caractère mixte de la Compagnie

Dans l'accomplissement de cette œuvre considérable il faut noter le double caractère qui a toujours marqué les opérations de la Compagnie : elle est un corps politique sous certains rapports, mais elle est aussi une association commerciale. Tandis que les autres Compagnies à charte n'exercent pas le commerce d'une façon directe et tirent leurs revenus des recettes ordinaires d'un État constitué, la *Royal Niger* agit dans ses territoires comme un simple commerçant privé, et les rapports qu'elle publie chaque année pour être soumis à l'assemblée des actionnaires sont toujours divisés en deux parties bien distinctes qui concernent, l'une la Compagnie *as a trading corporation*, l'autre la Compagnie *as a government*. Une curieuse opération financière met bien en relief ce double caractère. En 1888, la Compagnie fut autorisée par le Gouvernement britannique à émettre des fonds d'État, dits *funds Niger Territories* jusqu'à concurrence de £ 250.000. Cet emprunt devait représenter les sommes dépensées par la Compagnie, pour l'acquisition et le maintien de concessions sur ses territoires. Elle était autorisée, en outre, à fixer et percevoir des droits jusqu'à concurrence de £ 12.500 pour assurer le payement des intérêts de cet emprunt. Celui-ci constitue donc une dette publique de la *Nigeria*, en tant qu'État souverain, et que la Compagnie garantit, à ce titre, au moyen de ses territoires. La Compagnie elle-même n'est, en aucune manière, responsable, sur ses propriétés privées, du payement du capital et des intérêts.

La situation commerciale de la Compagnie est prospère. Son commerce représente aujourd'hui un bénéfice net annuel d'environ £ 30.000. La personnalité commerciale de la Compagnie est plus ancienne que sa personnalité politique et remonte à 1882, lorsqu'elle se constitua sous le titre de *National African Company*. Or, depuis cette époque, elle a payé un dividende moyen de 6 à 6 1/2 0/0. Son capital est de £ 1.027.080, divisé en actions de £ 10, dont 36.033 ont été entièrement libérées, et 66.675 partiellement, à concurrence de £ 2, donnant un capital versé de £ 493.680, soit environ 12 millions de francs.

Action politique et pénétration dans l'intérieur

L'action politique de la Compagnie, c'est-à-dire l'occupation du territoire et son organisation administrative, fut vigoureusement menée dès que la charte eut été octroyée. L'un des actes les plus importants fut la conclusion d'un traité avec l'empereur de Sokoto, en vertu duquel elle s'engageait à lui payer une pension annuelle de £ 1.500 et était, en retour, autorisée à exercer les droits souverains de celui-ci sur une portion considérable de ses États. Ce traité fut suivi bientôt d'autres semblables, conclus avec les vassaux de Sokoto, et les chefs indépendants, moyennant des pensions allant jusqu'à £ 2.000 pour l'émir de Nupé, par exemple. La Compagnie s'assura de la sorte la possession de presque tout le *Hausaland*, s'efforçant néanmoins, aussi longtemps que possible, de gouverner les indigènes par l'intermédiaire de princes feudataires, comme l'avait fait la Compagnie des Indes. Les événements qui sont survenus depuis ont montré combien l'activité de la Compagnie avait été précieuse à l'Angleterre. Si les limites de la sphère d'influence de celle-ci dans le bassin du Niger avaient été réglées assez tôt d'une façon définitive avec l'Allemagne quant à la frontière sud, il n'en était pas de même quant à ses limites du côté des possessions françaises, surtout au sud-ouest du Niger.

La France avait fait un effort extraordinaire pour l'occupation du Soudan et de l'hinterland du Dahomey. A raison de l'impossibilité de la navigation sur le Niger entre Say et Boussa, ses possessions situées en amont du premier de ces points étaient privées d'une voie de communication avec l'océan, voie dont l'importance était primordiale. La rive gauche du Niger avait été reconnue par elle, et sans contestations, appartenir au domaine de la *Royal Niger Company*. Quant à la rive droite, les prétentions de la Compagnie sur le sultanat de Borgu paraissant moins bien établies, les Français y occupèrent plusieurs postes, notamment Nikki et Boussa. La Compagnie anglaise protesta énergiquement contre cette violation des traités qu'elle disait avoir conclus avec Borgu et il en résulta, entre la France et l'Angleterre, cette situation délicate qui ne prit fin qu'avec l'arrangement du mois de juin 1898. Ce qu'il importe de remarquer ici, c'est l'activité et l'ardeur de la Compagnie à remplir sa mission politique et à sauvegarder pour la métropole la plus grande part possible du domaine qu'on lui avait donné à occuper. Il est peu probable que le Gouvernement impérial lui-même y eût mis une aussi grande ténacité et une aussi grande promptitude que la Compagnie, qui n'avait pas, pour agir, à attendre les ordres d'un département ministériel et qui trouvait, de plus, un intérêt pécuniaire et personnel à prendre possession le plus tôt possible de son domaine pour en utiliser les capacités commerciales.

Organisation générale

En même temps qu'elle pénétrait et occupait l'hinterland, la Compagnie développait progressivement l'organisation administrative de ses territoires. La direction d'Afrique fut confiée à un agent général, résidant à Asaba, assisté d'un second et d'un secrétaire. Quant à la direction centrale, elle appartient, sous réserve d'un certain contrôle de la part du *Foreign Office*, à la cour des directeurs, formant le *Governing Council*, siégeant à Londres. Son premier président ou gouverneur fut lord Aberdare, auquel succéda en la même qualité sir George Taubman Goldie, le véritable fondateur de la Compagnie, celui qu'on a nommé « le roi sans couronne de la *Nigeria* ». Il est assisté de lord Scarborough comme « Deputy Governor ». C'est un trait assez caractéristique des grandes Chartered anglaises que la haute personnalité de la plupart de leurs administrateurs, et cette circonstance aide à comprendre comment l'Angleterre a osé confier à de simples particuliers de véritables droits régaliens.

Les territoires de la Compagnie ont été divisés en districts à la tête desquels sont placés des agents européens, sauf quelques stations commerciales dirigées par des agents noirs. La Compagnie a réalisé une œuvre immense avec un nombre fort restreint d'agents. En 1891, elle n'employait encore que soixante et onze Européens, y compris l'agent général et tous les fonctionnaires supérieurs, et l'expédition militaire de 1897 en comprenait seulement trente. Cette économie des forces est, encore une fois, bien particulière aux Chartered.

Conformément aux termes de la charte, la Compagnie, tout en s'abstenant le plus possible d'intervenir dans aucune affaire indigène, a établi une organisation judiciaire dans ses territoires. Le chief-justice réside à Asaba. La Congrégation du Saint-Esprit, la Société des Missions africaines et la *Church Missionnary Society* ont fondé quelques missions dans le pays. L'on compte aujourd'hui une cinquantaine de stations fondées par la Compagnie. Le siège de l'administration est Asaba, située sur le Niger à environ 160 milles de la côte, et où se trouvent réunies les cours supérieures de justice, la prison centrale, un hôpital, le jardin botanique. Une autre station importante de la Compagnie, Akassa, port de transbordement sur l'océan, à l'embouchure du Niger, où se trouvent les ateliers de montage et de réparations pour la flottille du fleuve et quelques entrepôts, a été récemment cédée à l'administration impériale. Dans l'intérieur, les principaux postes sont Lokoja, au confluent du Niger et de la Binué, quartier général des forces militaires, Abo, Abutshi, Atani, Bakundi, Donga, Egga, Ibi, Ganagana, Idah, Leaba, Loko, Odeni et Yola, ce dernier situé à 200 milles du lac Tchad. Les communications dans le bassin du Niger sont principalement assurées par les steamers de la Compagnie, au nombre d'une trentaine environ, parmi lesquels deux *stern-wheelers*, qui ont joué un rôle important dans la dernière campagne, l'*Empire* et le *Liberty*, capables de porter trois cents à quatre cents hommes, défendus par un revêtement de plaques d'acier, et armés chacun de deux canons Nordenfeldt.

Les communications télégraphiques avec l'Europe sont assurées par deux postes situés à Brass et à Bouny dans le delta du Niger, reliés au câble de Lagos. Il y a un service régulier de steamers entre la côte et Liverpool, toutes les trois semaines.

Pour maintenir l'ordre dans ses territoires, la Compagnie possède une force d'environ un millier d'hommes, recrutés surtout parmi les Hausas qui, lorsqu'ils sont bien disciplinés, forment des soldats excellents. Ils sont spécialement exercés pour le service de l'artillerie, mais sont aussi armés de fusils Snider. Les troupes sont commandées par des officiers anglais, dont le département de la Guerre cède temporairement les services à la Compagnie. La façon dont elles se sont comportées durant la campagne de 1897 a été très remarquée.

Les deux régions de la *Nigeria*, si différentes relativement à l'ethnographie et au degré de civilisation de leurs habitants, le sont également au point de vue de leur climat et de leurs produits. Le Bas Niger et particulièrement le Delta a une réputation d'insalubrité qui est pleinement justifiée. C'est une région plate, à la fois humide et chaude, où les fièvres règnent à l'état permanent. Le principal et à peu près unique produit est l'huile de palme, qui se récolte d'ailleurs dans presque toute l'étendue de la *Nigeria*. A partir d'Idah, et surtout du confluent du Niger et de la Binué, l'aspect général se modifie, le pays devient plus montagneux et le climat relativement plus salubre, quoique la température reste encore très élevée. Les produits sont surtout le caoutchouc, les cuirs, l'ivoire, le coton, l'indigo, le beurre végétal et quelques plantes médicinales. On a signalé la présence de minéraux, notamment du fer et de l'antimoine. La Compagnie a introduit le caféier et le cacaoyer dans ses jardins d'essai, et les plantations ont été étendues récemment.

En vertu de la clause de sa charte qui l'autorise à établir certains droits pour se couvrir des frais de son administration et payer les intérêts de la dette du Niger, la Compagnie a frappé de droits à l'entrée la poudre, le sel, le tabac et les alcools, et a établi de nombreuses taxes d'exportation sur les produits indigènes, tels que l'huile de palme et l'ivoire.

Protestation des commerçants privés

La légitimité de ces taxations a été fréquemment contestée par les commerçants anglais et étrangers, qui se sont plaints vivement des procédés exclusivistes de la Compagnie. Ces procédés ne tendraient à rien moins, d'après eux, qu'à instituer à son profit un monopole que l'article 15 de sa charte lui fait défense formelle d'établir.

Les enquêtes ordonnées à ce sujet par le Gouvernement anglais, et dont nous avons pris connaissance, ont chaque fois abouti à des conclusions favorables à la politique commerciale de la Compagnie. Cependant, récemment encore, la Chambre de Commerce de Liverpool a adressé de violentes réclamations au *Foreign Office*, fondées sur les mêmes griefs. Quel qu'en soit le bien-fondé, il semble peu contestable que le double rôle joué par la Compagnie, agissant à la fois comme Gouvernement et comme association commerciale, soit très difficile à tenir, sans porter quelque atteinte à une stricte impartialité. C'est une situation trop délicate pour pouvoir durer longtemps et on commence à l'admettre, même du côté de la Compagnie. Le temps n'est pas éloigné où celle-ci sera privée à tout le moins de l'une de ses deux attributions, assez peu conciliables entre elles.

Expédition de 1897

La prise de possession de la *Nigeria* n'a pas été sans entraîner quelques véritables expéditions militaires.

La plus importante fut celle conduite, en 1897, contre les sultans du Nupé et d'Illorin par sir George Taubman Goldie en personne, en vue de porter un coup décisif au commerce des esclaves, qui sévissait encore dans ces régions, et d'y établir en même temps l'influence et la suzeraineté de la Compagnie. L'expédition, composée de cinq cents soldats hausas, commandés par une trentaine d'officiers blancs, quitta Lokoja en janvier 1897 et, trois semaines plus tard, s'emparait de Bida après avoir défait une armée que les rapports officiels évaluaient à vingt mille hommes. Le sultan de Bida fut détrôné par la Compagnie, qui mit à sa place un chef à sa dévotion et proclama sa propre souveraineté sur la plus grande partie du Nupé, ne laissant au sultan de Bida que le gouvernement de la partie méridionale. L'expédition se dirigea ensuite de Bida sur Illorin, qui subit le même sort et sur laquelle la Compagnie établit également son pouvoir. En moins de trois mois, et avec des forces insignifiantes, celle-ci avait réduit deux royaumes importants qui avaient toujours été pour elle un sujet d'inquiétudes, et avait singulièrement fortifié sa situation en Afrique, comme l'accusa du reste aussitôt le cours de ses actions, qui subit une hausse considérable dès la nouvelle de ces événements.

Elle avait à peine terminé heureusement cette expédition, quand lui parvint, en mars 1897, la nouvelle de la marche en avant des Français sur la rive droite du Niger ; cette nouvelle difficulté, qui provoqua de multiples embarras pendant plusieurs mois, fut provisoirement aplanie par la convention anglo-française de juin 1898.

L'œuvre de la compagnie

L'heure n'est pas encore venue de porter un jugement définitif sur l'œuvre de la *Royal Niger Company*. On peut cependant déduire, de l'examen de son action durant les douze années qui ont suivi la concession de sa charte, certaines observations intéressantes, principalement au sujet de son action politique. Grâce à la solution récente des difficultés relatives aux frontières de la *Nigeria*, on peut aisément embrasser aujourd'hui l'énorme étendue de territoires dont son habileté et son activité ont définitivement assuré la domination à la mère-patrie. Prise entre la France et l'Allemagne, dont les appétits coloniaux se sont si prodigieusement développés durant ce dernier quart de siècle, la sphère d'influence anglaise dans le Niger avait besoin d'une prise de possession effective extrêmement prompte et énergique pour ne pas être absorbée par ses entreprenants voisins. On se rappelle que, du côté des possessions allemandes, il s'en fallut de quelques mois que la partie orientale de la *Nigeria* n'échappât tout entière à l'Angleterre par suite de la politique envahissante de l'Allemagne, et l'Angleterre ne dut la conservation de cette région qu'à l'action immédiate de la Compagnie. Le Niger n'était pas une contrée qui sollicitait vivement l'attention publique en Angleterre. L'insuccès d'expéditions précédentes, dû surtout à l'insalubrité du Bas Niger auquel elles avaient généralement borné leurs explorations, avait jeté une grande défaveur sur cette partie de l'Afrique, et il est fort peu probable que le Gouvernement anglais se fût soucié d'entreprendre par lui-même la prise de possession, pleine de dangers, de ces territoires, et cela sans la pression ni le concours de l'opinion publique. Il se fût probablement désintéressé de l'hinterland du Niger, y aurait laissé s'étendre les Allemands et les Français, se contentant de maintenir ses positions sur la côte. La Compagnie, au contraire, qui avait un intérêt direct et personnel à étendre ses opérations commerciales, se hâta naturellement d'occuper la plus grande portion possible du Haut Niger, et elle le fit avec toute la rapidité d'action et l'élasticité qui distinguent l'initiative privée agissant dans un intérêt de lucre. Elle fut le « pionnier » de l'Angleterre dans l'Afrique occidentale et le représentant de la politique de pénétration dans l'hinterland opposée à l'ancien système des établissements côtiers.

En ces douze ans, la Compagnie a donc accompli une œuvre politique considérable, tant à l'égard des nations coloniales européennes qu'à l'égard des populations indigènes qui ont été soumises sur toute l'étendue de son territoire. Pour atteindre ces résultats, l'Angleterre a eu à supporter des dépenses énormes dont la charge a reposé en entier sur l'initiative privée.

D'un autre côté, la *Royal Niger Company* ne peut être légitimement accusée d'avoir négligé les intérêts philanthropiques et humanitaires dont elle assumait la charge à raison de sa qualité de pouvoir public. L'esclavage, dont la suppression devait être l'un de ses principaux objectifs, a été en fait sensiblement atteint par les expéditions qu'elle a organisées contre les esclavagistes dans les différentes parties de son territoire. Prenant une mesure radicale, elle a, le 22 juin 1897, expressément aboli le statut légal d'esclavage dans toute l'étendue de la *Nigeria*. Longtemps auparavant elle avait prohibé d'une façon absolue l'introduction de l'alcool au nord du 7° degré de latitude nord, et l'on estime qu'elle en a réduit ainsi la consommation au quart de ce qu'elle était auparavant. Robinson rapporte que, durant son voyage dans le Haut Niger en 1894 et 1895, il n'a pas aperçu une seule bouteille d'alcool.

En résumé, il suffit de comparer la *Nigeria*, telle qu'elle était en 1886, avec ce qu'elle est en 1898, pour reconnaître tout le progrès qui a été accompli. Au lieu d'une grande contrée inconnue, aux ressources inexploitées, ravagée par les chasseurs d'esclaves, en dehors de toute action de la civilisation européenne, on trouve une administration sommaire, mais effective, une force de police organisée, maintenant l'ordre et empêchant les razzias de jadis, une flottille de trente steamers sur le fleuve, des stations fondées sur une foule de points, des plantations commencées, et le commerce lui-même accru dans des proportions très considérables.

Ces résultats obtenus par la Compagnie du Niger sont particulièrement frappants, si on les compare à ceux obtenus dans les territoires voisins par la France et l'Allemagne. Les Gouvernements de ces deux pays ont non seulement favorisé, mais soutenu au prix d'énormes sacrifices le développement de leurs possessions africaines, et jusqu'ici elles n'ont guère fait plus que les occuper militairement.

La Compagnie du Niger, entreprise absolument privée, n'a rien coûté à l'Angleterre. Le commerce y a précédé le pavillon, au rebours de la méthode suivie par ses voisins, ce qui n'a pas empêché la Compagnie de dépasser ceux-ci au point de vue de la prospérité économique.

Accusations dirigées contre la Compagnie

Ce tableau a néanmoins ses ombres, et cet instrument aisé, qu'est une Compagnie à charte pour la pénétration d'un territoire nouveau et inorganisé, laisse bientôt voir les imperfections de son caractère équivoque, lorsque la civilisation se développe sur le territoire qui a été confié à son administration. En ce qui concerne la *Royal Niger*, les attaques sont venues surtout de la part des commerçants anglais et étrangers, trafiquant dans l'étendue de son territoire et qui se plaignent amèrement du monopole commercial exercé par la Compagnie en dépit de sa charte et des traités internationaux. Il y a plusieurs années déjà que ces protestations éclatèrent en Allemagne dans un *livre blanc* publié à la suite d'une mission de M. von Puttkamer, neveu du prince de Bismarck, envoyé au Niger comme commissaire impérial. Tout en admettant que la Compagnie avait « admirablement organisé » l'administration de ses territoires, il déclarait que les taxes imposées par elle tendaient à établir en sa faveur un véritable monopole. Ces protestations trouvaient un écho en France, et même en Angleterre, où plusieurs maisons de commerce, principalement à Liverpool, ont des intérêts engagés dans le bassin du Niger.

C'est à peu près la seule accusation qui ait été dirigée contre la Compagnie, mais elle a été répétée si souvent et avec tant d'insistance qu'elle s'est accréditée dans le public.

En fait, l'accusation se fonde sur ce que la Compagnie a établi certaines taxes, et qu'elle a violé ainsi le principe de la liberté de commerce proclamé par l'acte de Berlin. Cette conclusion est, tout bien considéré, peu justifiée. Les articles 26 et 27 de l'Acte de Berlin portent que la navigation sur le Niger sera libre pour les navires marchands de toutes les nations, et le commerce ouvert aux sujets de celles-ci. Mais ils ajoutent : « sous la réserve « des règlements que la Compagnie aura le droit « d'établir avec l'autorisation du Gouvernement « britannique ».

Mais comme l'a fait ressortir au Parlement M. Curzon, en répondant à une question de sir Charles Dilke, les règlements édictés par la Compagnie ont été établis sous le contrôle du *Foreign Office* et ont été soumis, lors de leur établissement, aux Gouvernements étrangers, qui n'y ont pas fait d'objection. Il semble donc que les protestataires soient assez mal venus de s'en prendre à la Compagnie elle-même d'une situation à laquelle le Gouvernement a donné une consécration officielle qui a été tacitement admise par les autres États, et à laquelle, au surplus, ils sont redevables de la tranquillité qui règne dans le pays, le produit des taxes étant exclusivement réservé aux dépenses d'administration des territoires.

Le Gouvernement britannique s'est, du reste, préoccupé de ces réclamations et, à plusieurs reprises, a ordonné des enquêtes sur les agissements de la Compagnie. L'une d'elles, qui fut menée sur les lieux mêmes par sir Claude Macdonald, dura plusieurs mois et embrassa la totalité des territoires occupés par la Compagnie. Le rapport de sir Claude Macdonald ne fut pas publié, à cause de sa nature confidentielle ; mais le Sous-Secrétaire d'État pour les Affaires étrangères, alors sir James Ferguson, en résuma l'esprit général en déclarant au Parlement que ses conclusions étaient « hautement favorables quant aux progrès accomplis par la Compagnie, quant à sa politique et quant à son observation de la charte ». Les extraits qui ont été publiés d'un rapport plus récent de sir John Kirk, l'un des hommes d'Angleterre les mieux renseignés sur les choses africaines, ne sont pas moins favorables à la Compagnie.

Avenir de la Nigeria

Quoiqu'il en soit, le moment est proche où la *Nigeria* passera de l'administration d'une Compagnie sous celle du Gouvernement impérial.

C'est là une évolution toute naturelle, et dont sir George Taubman Goldie, dans une conférence faite devant la Chambre de Commerce de Londres, semble lui-même admettre l'éventualité prochaine. Diverses raisons militent en faveur de cette transformation. En premier lieu, la Compagnie, en étendant son occupation à la presque totalité de la sphère d'influence anglaise, est devenue voisine immédiate d'États européens, avec lesquels sa situation ambiguë menace sans cesse de susciter des complications internationales. Plus d'une fois, déjà, on a contesté, en France, la légitimité des occupations faites par la Compagnie, refusant d'y voir une action directe de l'Angleterre. La situation intérieure de la *Nigeria* elle-même ne semble pas pouvoir comporter longtemps encore le gouvernement si simplifié d'une Compagnie privée, dont les ressources limitées ne pourront bientôt plus suffire au développement et à l'administration effective d'un territoire couvrant plus de 500.000 milles carrés. Enfin la présence dans le bassin du Niger d'autres possessions britanniques placées sous le contrôle direct du Gouvernement, et touchant aux territoires de la Compagnie, ont déjà amené et amèneraient sans doute encore de délicats conflits de pouvoir entre elle et les autorités de ces colonies.

Le jour où l'éventualité de la reprise de la *Nigeria*

par le Gouvernement impérial viendra à se réaliser, celui-ci trouvera les fondations d'une colonie nouvelle entièrement préparées et cette œuvre si considérable aura été accomplie en l'espace d'une douzaine d'années par une association privée, agissant à ses propres frais, sans que la métropole ait eu à intervenir d'aucune façon dans l'organisation commerciale, militaire ou administrative du pays.

CHAPITRE III

L' « IMPERIAL BRITISH EAST AFRICA COMPANY »

§ I. — Préliminaires de l'intervention anglaise dans l'Afrique orientale

L'Afrique orientale du XVIe au XIXe siècle

Avant la création de la grande Compagnie à charte dont nous allons parcourir l'histoire, les Anglais ont tenté, à plusieurs reprises, d'étendre leur influence sur la côte nord de l'Afrique orientale. L'histoire de celle-ci, depuis le moment où les Européens y débarquèrent pour la première fois, jusqu'au commencement de ce siècle, se divise en deux phases principales : la première correspondant à la domination des Portugais, la seconde à celle des imans de Mascate.

Vasco de Gama, lors de son expédition aux Indes, aborda le premier à la côte orientale d'Afrique et signala la grande activité commerciale de plusieurs de ses ports, notamment : Kilwa, Mombasa et

Melinde. Ces deux derniers sont encore aujourd'hui deux des villes principales comprises dans la zone d'influence anglaise.

En 1505, don Francisco de Almeida prit possession de la côte au nom du Portugal, qui la conserva jusqu'à la fin du xviie siècle. A vrai dire, sa domination ne fut jamais bien effective et consista plutôt en une simple suzeraineté sur les villes maritimes, qui conservèrent toujours une certaine autonomie.

En 1698, l'iman de Mascate, Seif-bin-Sultan, s'établit sur différents points de la côte dont il chassa les Portugais, et ceux-ci perdirent toute autorité au nord du cap Delgado.

Les imans de Mascate, qui avaient établi le siège de leur empire dans le sud-est de l'Arabie, ne paraissent pas non plus avoir exercé une domination très rigoureuse sur leurs possessions africaines. Mombasa, Zanzibar, Melinde, furent le théâtre d'incessantes guerres intestines et s'administrèrent un peu à leur guise durant tout le xviiie siècle.

Prospérité de Zanzibar. — Interventions européennes

Une ère nouvelle s'ouvre pour l'Afrique orientale avec le xixe siècle. Sayyid Saïd, devenu iman en 1804, comprit mieux que ses prédécesseurs l'importance commerciale de l'Afrique orientale. Il se préoccupa d'y affermir son pouvoir, et finalement transféra le siège de son Gouvernement à Zanzibar, qui acquît tout d'un coup une importance considérable. En même temps que l'Afrique orientale va se développer et prospérer sous son habile administration, on verra s'y préparer et s'y accomplir un des actes de la grande compétition politique, que les Anglais ont nommée : *the Scramble for Africa.* L'Angleterre entra la première en scène en février 1824. Profitant de l'hostilité qui régnait entre Sayyid-Saïd et la ville de Mombasa qui refusait de reconnaître son autorité, le capitaine Owen, commandant du navire chargé de la surveillance de la côte, offrit aux rebelles, qui l'acceptèrent, le protectorat britannique. Le Gouvernement anglais cependant, cédant aux énergiques protestations de Sayyid-Saïd, ou bien estimant que l'instant n'était pas favorable, refusa de ratifier les actes du capitaine Owen, et Mombasa retomba sous la domination de Sayyid-Saïd communément connu désormais sous le nom de sultan de Zanzibar.

L'Angleterre n'en conserva pas moins une notable influence auprès de celui-ci en le contraignant à recevoir un résident chargé de contrôler l'observation des mesures prohibitives du commerce des esclaves. Dès 1820 déjà, elle avait fait reconnaître par lui le droit pour ses croiseurs de surveiller la côte depuis le cap Delgado jusqu'au cap Guardafui et de saisir tout navire suspect de servir au transport d'esclaves.

Vers le milieu de ce siècle, les trafiquants européens commencèrent à arriver à Zanzibar, qui devint en même temps, grâce à son admirable situation, le point de départ des nombreuses expéditions, entreprises depuis 1840 pour l'exploration de l'Afrique orientale et de la région des Lacs.

Exploration de l'intérieur

Les expéditions se succédèrent rapidement. En 1844, le missionnaire Krapf, avec l'appui bienveillant du sultan, fonde un établissement près de Mombasa et explore l'intérieur. En 1848, Rebman découvre le Kilimanjaro. Dix ans plus tard, Burton et Speke poussent plus avant et atteignent le lac Tanganika, puis, Speke seul, le Victoria-Nyanza.

En 1863, Speke repart avec Grant et parcourt l'Uganda, puis la région du haut Nil, tandis que Baker remonte le Nil Blanc et parvient à l'Albert-Nyanza.

Enfin les retentissantes explorations de Stanley achèvent de signaler cette partie de l'Afrique orientale à l'activité des missionnaires et des trafiquants européens.

Prédominance de l'influence anglaise

Pendant ce temps, l'afflux considérable des immigrants indiens à Zanzibar, dont ils avaient pour ainsi dire monopolisé tout le commerce, avait décidé le Gouvernement de l'Inde à s'intéresser plus vivement à la côte d'Afrique, et il avait commissionné un agent auprès du sultan. Lorsque Sayyid mourut en 1856, après un règne de cinquante-deux ans, le Gouvernement de l'Inde avait acquis une telle influence à Zanzibar que son chef, lord Canning, fut choisi comme arbitre par les deux fils du sultan, qui ne pouvaient s'entendre sur le partage de l'héritage paternel. A la suite de cet arbitrage, l'empire de Sayyid-Saïd fut séparé en deux parties : la première, comprenant les possessions d'Arabie, fut attribuée à l'aîné, tandis que le plus jeune, Majid-bin-Saïd, obtenait Zanzibar et ses dépendances, moyennant le payement d'une rente annuelle d'environ 200.000 francs à son frère aîné. Le Gouvernement de l'Inde, estimant que le maintien de la paix importait avant tout à ses intérêts commerciaux, accepta dans la suite de supporter lui-même le payement de cette somme. L'entière indépendance de Zanzibar fut reconnue en 1862 par une déclaration collective que signèrent l'Angleterre et la France.

Pendant les années qui suivirent et spécialement durant le règne de Bargash-bin-Saïd [1], qui succéda à Majid-bin-Saïd en 1870, l'influence de l'Angleterre fut prédominante à Zanzibar ; elle le dut à la fois à l'habileté de sir John Kirk, qui y fut son consul général de 1866 à 1887, et au grand nombre de ses sujets indiens, devenus les maîtres du commerce zanzibarite. Il est intéressant de noter que l'Angleterre, en cette circonstance, dut pour une bonne part aux habitants d'une de ses anciennes colonies l'établissement de son influence dans une contrée nouvelle, qui devint finalement à son tour une partie de l'empire britannique.

L'Angleterre et l'Allemagne prennent position

L'intervention de l'Europe dans l'Afrique orientale a revêtu jusqu'ici la forme d'entreprises religieuses, philanthropiques ou géographiques. Elle va se transformer en une intervention nettement politique, que sa première forme avait, du reste, assez mal dissimulée.

Les rôles principaux dans cette dernière période de l'histoire de l'Afrique orientale appartiennent à l'Allemagne et à l'Angleterre. L'une et l'autre pendant plusieurs années préparèrent par des explo-

---

[1] Ou Seeyd-Bargash.

rations en tous sens, par des traités d'une valeur d'ailleurs discutable avec les chefs indigènes de l'intérieur, l'établissement de leur empire dans l'Afrique orientale. Leurs sphères respectives d'influence s'enchevêtrant sur plusieurs points, des difficultés surgirent bientôt entre les deux puissances. Lord Granville, chef du *Foreign Office*, dans une lettre adressée, le 25 mai 1885, au Gouvernement allemand, lui exprimait le désir que « des mesures fussent prises de part et d'autre « pour éviter tous conflits entre Allemands et « Anglais dans l'intérieur. Il saisissait cette occa- « sion pour lui annoncer le projet formé par d'in- « fluents capitalistes anglais d'établir des postes « dans la région s'étendant entre la côte et les « lacs, et d'y construire un chemin de fer ». Les Allemands ayant, de leur côté, fondé de nombreux établissements dans la région s'étendant au sud de celle désignée ci-dessus, les desseins purement philanthropiques ou scientifiques manifestés jusqu'alors se transforment, comme on voit, de plus en plus, et les droits du sultan de Zanzibar sur ses territoires continentaux, s'ils ne sont pas contestés, n'en deviennent pas moins fort précaires. Lui-même, au surplus, ne paraissait pas très soucieux d'en maintenir la parfaite intégrité ; car, en 1877 déjà, il en offrait la pleine concession à un sujet anglais : M. (plus tard sir) William Mackinnon, président de la *British India Steam Navigation Company*, qui, depuis 1872, avait établi des communications régulières entre les Indes, Zanzibar et l'Europe. Le Gouvernement anglais n'ayant pas voulu garantir son appui officiel à M. William Mackinnon, celui-ci ne crut pas pouvoir accepter les offres du sultan, et les négociations restèrent en suspens.

En 1885, cependant, le Dr Peters ayant acquis pour une Compagnie allemande des territoires considérables situés à l'ouest de Bagamoyo, et cette Compagnie ayant obtenu de l'empereur allemand une charte officielle de reconnaissance, les Anglais s'émurent et les négociations furent reprises. C'est à ces négociations que fait allusion la dépêche de lord Granville signalée plus haut. La fondation de l'*Imperial British East Africa Company* devait en résulter ; mais, avant d'exposer son histoire, il importe d'indiquer la convention conclue entre l'Allemagne et l'Angleterre, en 1886, convention qui détermina leurs sphères d'influence réciproques dans l'Afrique orientale.

Convention du 1er novembre 1886, entre l'Allemagne et l'Angleterre

En vertu de cette Convention, datée du 1er novembre 1886 :

I. — La souveraineté du sultan de Zanzibar est

reconnue sur les îles de Zanzibar, Pemba et les îlots voisins, ainsi que sur les îles Lamu et Mafia. Sur le continent elle est reconnue s'étendre le long de la côte, sur une bande de terre large de dix milles entre Kipini et la baie de Tunghi ; plus au nord elle comprend encore les ports de Kismayu, Brava, Merka et Magadisho, avec les territoires circumvoisins.

II. — Les sphères d'influence de l'Allemagne et de l'Angleterre sont délimitées par une ligne tirée depuis l'embouchure de la rivière Umba, jusqu'au point où la côte orientale du Victoria-Nyanza est coupée par le premier degré de latitude sud. Au nord, la sphère anglaise a pour limite la rivière Tana, jusqu'au point d'intersection du 38° de longitude est avec l'équateur [1].

III. — L'étendue de côtes comprise entre Kipini et l'extrémité nord de la baie de Manda est reconnue dépendre du sultanat de Witu.

Si incomplète que fût encore cette convention, puisqu'elle ne réglait rien concernant la région de l'extrême intérieur, située à l'ouest du Victoria-Nyanza, ni celle s'étendant au nord de la rivière Tana, elle fixait cependant les premières limites territoriales dans lesquelles allait pouvoir s'employer l'activité des deux puissances. Ce sera pour

---

[1] Méridien de Greenwich.

l'une et l'autre le point capital de leur action politique de parvenir promptement à l'occupation de cet hinterland convoité, d'arriver la première dans cette « course pour l'Uganda ».

Afin de mettre en valeur et prendre possession de la nouvelle contrée dont la domination — sous le nom d'influence — lui était officiellement et définitivement reconnue, l'Angleterre n'agira pas directement, mais aura recours, comme en d'autres circonstances déjà dans ce siècle, à l'instrument dissimulé d'une Compagnie à charte.

§ II. — Fondation de l' « Imperial British East Africa Company ». — Charte du 3 septembre 1888

Les capitalistes influents auxquels faisait allusion la dépêche de lord Granville avaient à leur tête sir W. Mackinnon, qui depuis de longues années entretenait d'excellentes relations avec le sultan Seeyd-Bargash. Celui-ci, comme nous l'avons dit, lui avait offert, dès 1877, une concession importante qu'il n'avait pas osé accepter faute de l'appui de l'Angleterre. Celle-ci ne voulait pas, en confirmant cette concession, intervenir trop directement dans l'administration des territoires du sultan. Les Allemands cependant y ayant apporté moins de scrupules, et ayant fondé une Compagnie dont la puissance croissante pouvait menacer les droits acquis par des sujets anglais sur la partie nord de la côte orientale, le Gouvernement britannique vit avec faveur sir William Mackinnon reprendre ses négociations avec le sultan au sujet d'une concession à octroyer à la Compagnie anglaise qu'il s'occupait de former.

Concession accordée par le sultan à sir William Mackinnon, 24 mai 1887

Cette concession fut accordée par le sultan, le 24 mai 1887. Elle comportait des droits extrêmement étendus, dont voici une analyse succincte :

Les territoires situés entre la rivière Umba et Kipini étaient placés sous l'administration de la Compagnie ou Association présidée par sir William Mackinnon, laquelle y exercerait, pendant une période de cinquante ans, au nom du sultan, les pouvoirs ci-après désignés :

I. — Le droit d'administration des territoires concédés, comportant la faculté d'y établir des commissaires nommés par elle, de faire des règlements concernant le Gouvernement des districts, d'instituer des tribunaux, et, en général, de prendre telles mesures qu'elle jugerait nécessaires pour la protection de ses territoires et de ses propres intérêts (art. I et II).

Sa Hautesse autorise au surplus la Compagnie ou ses représentants à passer des traités avec les chefs indigènes, sous la réserve de sa propre ratification, dans le cas où ils seraient passés en son nom (art. II, § 2).

II. — Le droit de lever des taxes locales et de régler le commerce dans les territoires concédés, en respectant toutefois les traités conclus entre Sa Hautesse et les puissances étrangères (art. II et IV).

III. — Le droit d'exécuter toute sorte de travaux publics, d'acquérir toute sorte de propriété mobilière ou immobilière, de contrôler la navigation sur les rivières et sur les lacs (art. IV).

Sa Hautesse abandonne à la Compagnie la propriété de tous les bâtiments publics, forteresses, etc., qui ne seront pas expressément réservés dans une cédule annexée à l'acte de concession (art. II).

IV. — Le droit exclusif d'acquérir des terres dans les limites de la concession, en respectant les droits précédemment concédés par Sa Hautesse aux sujets anglais, allemands, français et américains (art. I, § 1 et 2) ; le droit exclusif de rechercher, d'exploiter, concéder des mines ou dépôts de charbon, de plomb, de fer, de cuivre, d'or, d'argent, et en général tous métaux, moyennant un droit de 5 0/0 réservé à Sa Hautesse sur la valeur de tous les minéraux (art. VI) ; le droit d'exploiter les forêts, etc., etc.

V. — Le droit d'exercer elle-même toute sorte de commerce et de créer des banques avec privilège exclusif d'émettre des billets (art. VII).

VI. — Sa Hautesse accorde au surplus, à la Compagnie, la *régie* des douanes dans tout le territoire concédé, moyennant les conditions suivantes :

1° La Compagnie garantit à Sa Hautesse le payement annuel d'une somme égale à celle qu'il percevait à la date de la concession par les recettes des douanes ;

2° Sa Hautesse percevra au surplus un droit de 50 0/0 sur les profits réalisés par la Compagnie au-delà de cette somme (art. IX).

Le taux des droits, fixé par les traités conclus entre le sultan et les nations étrangères, était généralement de 5 0/0 *ad valorem* à l'importation et de 10 à 15 0/0 à l'exportation.

Cette concession accordait, en somme, pleins pouvoirs à sir W. Mackinnon et à son association, le sultan se réservant seulement quelques droits de contrôle, notamment l'approbation des nominations de juges faites par la Compagnie.

Il conservait néanmoins la souveraineté des territoires concédés en ce que tous les pouvoirs accordés à la Compagnie ne pourraient être exercés qu'au nom du sultan de Zanzibar (art. XI). L'article VIII garantissait, en outre, à son profit, une faculté de réméré s'appliquant à toutes les propriétés de la Compagnie.

La faculté pouvait être exercée par le sultan ou ses successeurs, à l'expiration de la concession et d'après des évaluations à fixer par arbitres.

L'article X mentionnait enfin qu'il serait attribué au sultan l'une des cinq actions de fondateur de la Compagnie, qui, tout en ne donnant aucun dividende à leurs propriétaires aussi longtemps que les actions ordinaires ne touchent pas 8 0/0 du capital, leur réservent 10 0/0 de tous les bénéfices réalisés en surplus.

.·.

The *British East African Association*

Muni de cette avantageuse concession, sir William Mackinnon se mit aussitôt en devoir d'en profiter. Un embryon de Compagnie fut fondé sous le nom de *British East African Association*, et, pendant les derniers mois de l'année 1887, vingt et un traités furent conclus avec des tribus indigènes de l'intérieur. Ces traités, complétant la concession du sultan, étendaient les pouvoirs de la Compagnie jusqu'à une distance de plus de 250 kilomètres dans l'intérieur.

« Founders'Agreement », 18 avril 1888

Il convenait dès lors d'organiser l'entreprise sur des bases plus larges. Les premiers fondateurs s'en adjoignirent de nouveaux, et, toujours soutenus par l'infatigable activité de sir W. Mackinnon, conclurent entre eux, le 18 avril 1888, un *Founders'Agreement* qui transformait la *British East African Association* en l'*Imperial British East Africa Company*.

La teneur de cette convention mérite d'être rapportée, car elle marque admirablement le caractère politique autant que commercial que devait revêtir la Compagnie. L'énumération des divers objets que celle-ci se propose d'atteindre en occupe la plus grande part, et parmi ces objets presque tous concernent les droits souverains qu'elle devra exercer, les opérations commerciales n'étant désignées qu'en dernier ordre.

La convention débute comme suit : « Les sous-
« signés acceptent, par les présentes, de former
« entre eux une association ou compagnie sous le
« titre d'*Imperial British East Africa Company*
« (ci-devant *British East African Association*), au
« capital nominal de £ 1.000.000, ou telle autre
« somme que la Compagnie pourra fixer dans la
« suite, pleins pouvoirs lui étant réservés d'aug-

« menter en tout temps le capital par l'émission
« d'actions ordinaires ou privilégiées et d'obliga-
« tions. » Ce capital fut fixé plus tard à £ 2.000.000
et divisé en actions de vingt livres sterling.
25.800 d'entre elles avaient été souscrites en
avril 1894. Il avait été versé £ 16, 10 s., par
action, soit un capital effectif de £ 425.634.

L'article 2 détermine les objets en vue desquels
la Compagnie est formée et qui sont notamment
les suivants : « *a*) Mettre à exécution la concession
« accordée, le 24 mai 1887, par le sultan de Zanzi-
« bar ; *b*) Obtenir du Gouvernement anglais une
« charte d'incorporation ; *c*) administrer les ter-
« ritoires concédés par le sultan ; *d*) acquérir de
« chefs indigènes par traités, achats, ou autre-
« ment, des territoires situés dans la sphère d'in-
« fluence britannique ; *e*) établir une organisation
« judiciaire dans les territoires de la Compagnie ;
« *f*) lever des taxes, droits de douane, etc. ; accor-
« der des concessions ; exécuter des travaux pu-
« blics ; battre monnaie et, en général, exercer
« tous les droits de souveraineté sur lesdits terri-
« toires ; *g*) enfin y entreprendre des opérations
« commerciales. »

Ce préambule du *Founders' Agreement* ne peut
laisser aucun doute sur le caractère que devait
revêtir la Compagnie : elle serait une Compagnie
souveraine dans toute l'acception du terme.

Les articles subséquents de la convention règlent les différents points relatifs à l'organisation financière.

Il était créé cinq actions de fondateur dont chacune recevrait chaque année, mais seulement après le payement aux actions ordinaires d'un dividende de 8 0/0, un dixième des bénéfices nets faits en surplus par la Compagnie. L'une de ces actions était attribuée au sultan de Zanzibar, en retour de la concession octroyée par lui, une autre était réservée aux président, vice-président et membres de la Cour des directeurs, à titre de rémunération de leurs emplois, une troisième était mise à la disposition de ladite Cour pour être affectée à tel usage qu'elle jugerait convenable; les revenus des deux dernières, seraient partagés entre les fondateurs de la Compagnie, au prorata de leurs apports respectifs.

Les fondateurs soussignés ne devaient être responsables qu'à concurrence desdits apports.

Enfin la convention désignait, pour diriger la Compagnie pendant les trois premières années, avec des pouvoirs absolus, les personnes suivantes : sir William Mackinnon, président; lord Brassey, vice-président (remplacé plus tard par le marquis de Lorne, gendre de la reine); général sir Donald Stewart, sir T. Fowell Buxton, sir John Kirk, général sir Arnold Burrowes Kemball, lieutenant-général sir Lewis Pelly, colonel sir Francis de Winton, W. Burdett-Coutts, A.-L. Bruce, R.-P. Harding, G.-S. Mackenzie, R. Ryrie, directeurs.

Munie dès lors de la concession du sultan, ayant défini l'objet propre de ses opérations, et dirigée par des hommes qui, presque tous, occupaient des positions importantes dans le Royaume-Uni, il ne restait plus à la Compagnie qu'à obtenir sa consécration officielle par le Gouvernement. Sir W. Mackinnon, dans une lettre adressée au Secrétaire d'État, écrivait : « Je ne doute pas que Votre
« Excellence ne saisisse le grand intérêt qu'il y a,
« pour la Compagnie de l'Afrique orientale, à
« entreprendre sans tarder l'administration des
« territoires qui lui ont été concédés par le sultan.
« Un retard pourrait peut-être causer la perte de
« l'influence anglaise dans ces régions. Je puis
« vous assurer que nul plus que moi ne désire
« l'extension de cette influence dans l'Afrique
« orientale ; mais, quoiqu'il ne puisse d'ailleurs
« en résulter aucun profit personnel pour moi,
« j'estime absolument nécessaire au succès de
« l'entreprise la consécration par le Gouverne-
« ment des deux garanties suivantes :

« *Primo :* Le maintien d'une ligne postale an-
« glaise, entre Zanzibar et Aden ;

« *Secundo :* L'assurance de l'appui et d'une
« coopération sérieuse du Gouvernement anglais,

« tels que la Compagnie allemande de l'Afrique
« orientale en reçoit du sien propre. »

L'opinion publique, en Angleterre, n'était généralement pas défavorable à l'établissement de Compagnies souveraines, et plusieurs journaux importants considéraient le projet de sir W. Mackinnon et de ses associés « comme une entreprise « éminemment recommandable et *patriotique* ». A la vérité, l'avenir le prouvera, ce fut bien plus une entreprise féconde en résultats politiques qu'un *financial success*. Quoi qu'il en soit, le Gouvernement accéda aux desiderata exprimés par sir W. Mackinnon et, le 3 septembre 1888, une charte royale d'incorporation était accordée à l'*Imperial British East Africa Company*.

Charte de l'Imperial British East Africa Company

Le dispositif de la charte royale est précédé de nombreux attendus dans le détail desquels il serait superflu d'entrer. Il est intéressant cependant d'en connaître le sens général et de souligner la pensée qui inspirait la Couronne. La charte fait longuement valoir les résultats moraux et humanitaires qu'elle attend de l'œuvre de la Compagnie. Ce sont là les prétextes ordinaires dont se masque la politique anglaise d'envahissement. Ici de même, si le Gouvernement n'entreprenait pas directement la colonisation et l'exploitation de l'Afrique orientale, il déléguait cependant à une Compagnie anglaise les pouvoirs nécessaires pour agir en son nom, et, s'il déclarait voir surtout dans cette entreprise privée, son but social et philanthropique, il y voyait beaucoup plus, en fait, l'outil de pénétration qui allait lui ouvrir la voie vers un nouvel empire.

La charte détaille avec beaucoup de précision les pouvoirs reconnus à la Compagnie et les réserves qui y sont apportées.

*
* *

La Compagnie est autorisée à accepter et à conserver l'entier bénéfice de toutes les concessions qui lui ont été accordées sur lesdits territoires, et à y exercer les droits nécessaires au Gouvernement et au maintien de l'ordre public (art. I).

Elle est également autorisée à acquérir d'autres concessions et droits analogues dans l'avenir, sous réserve de l'autorisation du Secrétaire d'État (art. II).

Elle ne pourra opérer aucun transfert desdites concessions sans la même autorisation (art. VI).

L'exploitation de toute concession présente ou à venir sera subordonnée au dépôt, entre les mains du Secrétaire d'État, d'une copie exacte des actes de concession, accompagnés de cartes ou de tous autres renseignements nécessaires (art. III).

* * *

D'une façon générale, la Compagnie sera tenue d'agir sous l'entière *direction* du ministère, en ce qui concerne les relations avec les puissances étrangères (art. XXII).

Si, en quelque occasion que ce soit, le Secrétaire d'État trouve à redire à la politique suivie par la Compagnie, dans ses rapports avec les puissances étrangères, ou à l'égard des indigènes habitant les territoires concédés, ou dans quelque point de son administration, il fera connaître ses observations à la Compagnie, et celle-ci sera tenue de s'y conformer (art. VIII, IX et XIII).

Tout différend entre la Compagnie et le sultan de Zanzibar ou les chefs indigènes sera soumis à l'arbitrage du Secrétaire d'État (art. VII).

La Couronne se réserve cependant, dans le dernier alinéa de la charte, un droit plus important encore : celui de la révoquer au cas où il apparaîtrait que la Compagnie a failli aux obligations qui lui étaient imposées, ou n'a pas efficacement servi les *intérêts qu'elle avait invoqués pour obtenir la charte*. Ceci signifie, à n'en pas douter, que le Gouvernement britannique accepte de laisser provisoirement aux soins de la Compagnie l'occupation d'un territoire qu'il ne se soucie pas d'organiser lui-même, mais qu'il se réserve néanmoins le moyen facile de substituer son action à celle de la Compagnie, le jour où il y trouverait *son* intérêt.

*
* *

La Compagnie sera et restera toujours *anglaise*, par son caractère et par son siège social, et son principal représentant en Afrique, ainsi que ses directeurs devront nécessairement être sujets britanniques (art. V).

« Elle arborera de plus, dans toutes ses possessions, sur les bâtiments lui appartenant et sur ses vaisseaux, un pavillon indiquant clairement son caractère anglais, et qui devra être approuvé par les lords de l'Amirauté » (art. XV).

Ce simple détail marque encore une fois le caractère bien politique de la Compagnie.

*
* *

Elle appliquera tous ses efforts à l'abolition de l'*esclavage* domestique dans les territoires soumis à sa juridiction (art. X). — Dans l'administration de la justice aux indigènes, elle respectera scrupuleusement les usages nationaux, et, d'une façon générale, elle s'abstiendra de toute intervention dans la religion des habitants (art. XI et XII).

***

L'article XVI déclare solennellement que rien, dans la présente charte, ne pourra être considéré comme accordant un *monopole* de commerce à la Compagnie.

Au surplus, il ne sera fait aucune différence de traitement dans l'application des droits entre les sujets des différentes nations, et la Compagnie se conformera pour fixer le tarif de ces droits aux traités et arrangements préalablement conclus entre le sultan de Zanzibar et les diverses puissances (art. XVII et XVIII).

La Compagnie ne pourra pas lever sur les étrangers établis dans son territoire d'autres taxes que celles admises par lesdits traités, sauf cependant certaines taxes qui pourront être établies sur les caravanes traversant les territoires de la Compagnie, en considération des frais occasionnés à celle-ci par la répression de l'esclavagisme. Il lui sera loisible également d'établir un droit de licence sur la chasse à l'éléphant.

***

La charte s'occupe encore, dans deux articles, de ce qui concerne les *droits privés* de la Compagnie en tant que Société commerciale. Elle reçoit les pouvoirs ordinaires en cette matière : pourra émettre des actions pour former un capital social, acquérir toutes sortes de propriétés, être reconnue en justice sous le nom de sa raison sociale, etc. Elle pourra aussi établir des banques sur son territoire, entreprendre des travaux publics, posséder des agences dans les pays étrangers.

L'acte déterminant et précisant ces différents points devra cependant être soumis à l'approbation du Conseil privé, ainsi que les conventions ultérieures qui viendraient à le modifier.

*
* *

Telle était la charte. Dans la forme où elle était accordée, tous les fonctionnaires de l'empire étaient tenus de la reconnaître et de prêter tous leurs soins à la faire respecter. C'est ce que déclarent les paragraphes finaux, ajoutant que ladite charte sera toujours interprétée dans le sens le plus favorable à la Compagnie, et qu'elle conservera sa pleine validité, nonobstant tout changement de dénomination de celle-ci. Le passage relatif à la possibilité de sa révocation a déjà été cité plus haut.

§ III. — L'œuvre de l' « Imperial British East Africa Company »

Les fondateurs ayant pris soin d'indiquer, dans leur convention du 18 avril 1888, les différents objets de la Compagnie qu'ils avaient décidé de fonder, et la charte royale ayant été accordée en considération des intentions exprimées par eux dans leur pétition au Gouvernement, on ne pourrait mieux étudier l'œuvre accomplie par la Compagnie, qu'en parcourant point par point les engagements pris par elle et en recherchant la façon dont elle les a remplis.

Ces engagements peuvent se ramener à trois chefs principaux :

1° Acquérir définitivement à la domination anglaise les territoires compris dans la concession du sultan de Zanzibar, ou dans des concessions nouvelles qui pourraient être obtenues d'autres chefs indigènes. Ce sera l'œuvre politique proprement dite de la Compagnie ;

2° Établir sur ces territoires une administration civile et judiciaire, les mettre en valeur par la création de voies de communication et par des défrichements, les pacifier et les civiliser. Ce sera son œuvre de colonisation.

3° Fonder des comptoirs dans ces territoires, y entreprendre des opérations de commerce, y créer des banques, etc. Ce sera son œuvre purement commerciale et privée, qui, par le fait, touche moins directement à l'objet propre de cette étude.

Il advint, qu'en raison de circonstances non prévues par ces fondateurs, de graves et nombreuses préoccupations politiques qui sollicitèrent son attention, en sa qualité d'agent des intérêts anglais dans l'Afrique orientale, absorbèrent presque tout son temps et toutes ses ressources, au grand détriment de son action colonisatrice et commerciale. Avec une abnégation patriotique, et qui n'était d'ailleurs pas tout à fait volontaire, la Compagnie fit le sacrifice de ses propres intérêts pour assurer une nouvelle province à l'empire. Elle y perdit beaucoup d'argent, y gagna peu de gloire, mais servit fort bien les vues de l'Angleterre qui se trouva agrandie d'une contrée énorme sans qu'il lui en eût presque rien coûté.

Commencements de la Compagnie
Premières difficultés

Les opérations de la Compagnie débutèrent d'une façon effective en octobre 1888, lorsque M. George S. Mackenzie, son premier administrateur, arriva en Afrique. Les fondateurs avaient, dès le début, souscrit entre eux environ £ 240.000 du capital social qui avait été définitivement fixé à £ 2.000.000. En fait le capital versé ne dépassa jamais la somme de £ 500.000. C'est avec ces faibles ressources que la Compagnie tenta la conquête et la colonisation d'un territoire immense et à peu près inconnu.

Quelques explorateurs seulement avaient pénétré dans les régions s'étendant entre les grands lacs et la côte. La côte elle-même était assez bien connue, encore que la valeur de ses ports fût loin d'être déterminée avec certitude. Ce que l'on connaissait de l'intérieur, on le tenait principalement des trafiquants arabes, et leurs rapports faisaient craindre une vive opposition des tribus indigènes, notamment des Masaï. Au surplus, d'autres difficultés étaient à redouter de la part des Allemands, dont l'activité envahissante menaçait de restreindre de plus en plus le champ d'action réservé à la Compagnie anglaise. En résumé, M. George-S. Mackensie devait s'attendre à trouver une situation singulièrement délicate et difficile en arrivant à Mombasa.

Deux autres circonstances imprévues vinrent encore s'y ajouter. Le sultan Seeyd-Bargash, qui avait accordé à la Compagnie sa concession, mourut tout d'un coup, laissant le trône à son frère Khalifa. En même temps une révolte générale contre les Européens éclatait dans les territoires allemands limitrophes de ceux de la Compagnie et semblait devoir s'étendre à ceux-ci. Khalifa, cependant, confirma sans difficulté la concession accordée par son frère, et, cette première inquiétude étant écartée, l'envoi à Mombasa d'un corps de troupes du sultan, appuyé par deux navires de guerre anglais, rétablit l'ordre qui menaçait d'être troublé. De nombreux esclaves appartenant à des Arabes, s'étant échappés de chez leurs maîtres, avaient cherché un refuge auprès des missionnaires anglais, qui refusèrent de les livrer. M. Mackensie apaisa les Arabes en leur offrant une somme assez considérable pour les décider à renoncer à leurs droits de propriété sur les fugitifs, et près de 1.400 esclaves recouvrèrent de la sorte leur liberté. Ce premier acte de l'administration générale lui concilia à la fois la faveur des Arabes et celle des indigènes, et affermit le prestige de la Compagnie.

Situation générale de l'« Ibea »

La Compagnie se préoccupa d'occuper sans délai le territoire soumis à sa juridiction. La côte et les régions voisines avaient été déjà fréquemment parcourues par les Européens. Indépendamment de Zanzibar et de son île, qui restèrent sous la domination propre du sultan, on compte parmi les ports principaux : Wanga, Mombasa, Kilifi, Malindi (ou Melinde), Kipini, Witu et, à l'extrême nord, Kismaya, situé à l'embouchure de la rivière Juba.

L' « hinterland » forme un plateau s'élevant graduellement jusqu'à une altitude moyenne de 900 à 1.800 mètres. On y trouve cependant quelques grands massifs isolés de montagnes, tels que les monts Kilimandjaro et Kenia, qui atteignent environ 6.000 mètres. Plus au nord on constate, au contraire, des dépressions considérables du sol, formant notamment les grands lacs salés : Rodolphe et Stéphanie. Cette région moyenne est habitée par des peuplades sauvages et belliqueuses; elle est sèche et peu fertile.

En pénétrant plus avant dans l'intérieur, l'on arrive à la région des Lacs ou plutôt des grandes mers intérieures : le Victoria-Nyanza, l'Albert-Nyanza, l'Albert-Edouard. Cette partie occidentale de l'*Ibea*, comme on a souvent appelé le territoire de l'*Imperial British East Africa Company*, à raison des initiales de son titre, est une région peuplée, couverte d'une végétation tropicale, bien arrosée, réputée fertile. La population est quelque peu civilisée et se distingue en ce point des tribus de la région moyenne. L'une des contrées les plus importantes de cette région est le district de l'Uganda, qui jouera un rôle si considérable dans l'histoire de la Compagnie.

Les principales rivières de l'Afrique orientale anglaise sont : la Juba, qui forme sa frontière septentrionale ; la Tana, qui descend du mont Kenia ; la Sabaki, appartenant toutes trois au bassin de l'Océan Indien. Dans la région des Lacs, coulent le Nil et la Semliki. La superficie totale de l'*Ibea* est d'environ 700.000 milles carrés, compris entre l'Océan Indien, les territoires allemand et italien, et l'État indépendant du Congo.

Pénétration vers l'Uganda

Dès son arrivée à Mombasa, où étaient établis les quartiers généraux de la Compagnie, M. Mackensie s'occupa d'organiser des expéditions de pénétration. La direction de l'une d'elles fut confiée à M. Jackson qui partit, en octobre 1888, à la tête de sept cents hommes, dans le but de reconnaître la région qui s'étend entre la côte et le Victoria-Nyanza. Il atteignit Machakos, situé à mi-route environ, où il s'arrêta et établit une station qui devait servir de poste de relai pour les expéditions ultérieures.

Vers le même temps une autre expédition, commandée par M. Piggot, avait remonté la Tana et établi quelques comptoirs le long de cette rivière, tandis que le capitaine Lugard s'employait à rendre plus praticable et plus sûre la route tracée par

Jackson, et la poussait jusqu'à Dagoreti, situé à 60 kilomètres au-delà de Machakos. Jackson cependant avait repris sa marche vers la région des Lacs et était parvenu jusque dans l'Uganda. Il ne s'y arrêta guère et retourna à Mombasa, porteur de nombreux traités conclus avec les chefs indigènes des régions qu'il avait traversées.

En quelques mois la Compagnie avait admirablement commencé sa mission de pénétration et avait garanti à l'Angleterre la domination non seulement des territoires s'étendant le long de la côte, mais d'une grande partie des territoires de l'intérieur. De plus, l'Uganda était atteint, sinon occupé. L'initiative privée avait fait en ces quelques mois, ce que l'action directe du Gouvernement n'eut sans doute pas réalisé en deux ans.

Pression du Gouvernement et de l'opinion publique

Il faut le reconnaître pourtant, la Compagnie était effrayée de ses progrès rapides et des dépenses énormes qu'ils occasionnaient. Et cependant, l'Uganda ouvert, il fallait l'occuper, sous peine de voir s'y établir les Allemands; car, on ne l'ignorait pas, le Dr Peters acquérait de plus en plus d'influence de ce côté. Malgré l'inquiétude que lui causait la perspective des frais énormes de l'entreprise, la Compagnie céda à la pression du

Gouvernement et de l'opinion publique et se décida à occuper l'Uganda. Pour le Gouvernement et pour l'opinion, en effet, la Compagnie semblait devoir veiller par-dessus tout à assurer les intérêts de l'empire, avant les siens propres, et elle s'y résignait un peu elle-même. M. Mac Dermott, le secrétaire de la Compagnie, observe quelque part « qu'à un point de vue *impérial* cette occu-
« pation de l'Uganda eut une importance considé-
« rable, quoique d'ailleurs elle fût désastreuse
« pour les finances de la Compagnie ».

En octobre 1890, le capitaine Lugard reçut à Dagoreti un télégramme des directeurs de la Compagnie à Londres, lui ordonnant d'équiper sans délai une expédition pour l'occupation de l'Uganda. Les alternatives de succès et de revers de la Compagnie dans cette contrée, son hésitation à l'abandonner quand son intérêt le lui ordonnait, mais quand le gouvernement et la pression de l'opinion le lui interdisaient, formeront ce que l'on a appelé la « question de l'Uganda ».

Progrès de la colonisation

Ceci se passait à la fin de 1890. Principalement absorbé par l'organisation de ces expéditions militaires, l'administrateur général à Mombasa n'avait pourtant pas entièrement négligé le côté colonisateur de sa mission. De nouveaux bâtiments avaient été construits à Mombasa et le port amélioré. L'arrivée de marchands indiens, qui sont les maîtres du commerce dans l'Afrique orientale avait donné une impulsion favorable au commerce. Deux vapeurs furent achetés pour assurer le service postal de la côte, ainsi qu'un *stern-wheel*, qui remonta le cours de la Juba et de la Tana, et permit d'acquérir une connaissance plus complète des contrées avoisinantes.

Différents marchés de la côte furent réorganisés, afin d'attirer davantage les indigènes de l'intérieur. L'on importa à grands frais divers animaux, notamment des buffles, des chameaux et des ânes, en vue d'acclimater ces races ; mais ces tentatives n'eurent pas des résultats très favorables, à cause d'une épizootie qui sévit en 1890-1891. Un corps de police, composé de 200 soldats indiens et d'un nombre égal de Soudanais, renforcés d'environ 800 natifs, fut également organisé. A partir de 1890, la Compagnie émit dans ses territoires des monnaies de cuivre et d'argent, ainsi que des timbres-poste, et elle entra dans l'Union Postale.

Complications politiques avec l'Allemagne

Il ne faut pas oublier que, durant ce temps, les Allemands de leur côté travaillaient activement à la mise en valeur et surtout à l'agrandissement du domaine qui leur avait été attribué dans l'Afrique orientale. Les hésitations de l'Angleterre à exercer une action efficace de ce côté avaient laissé le champ libre à l'Allemagne, et celle-ci en avait profité. Un arrangement avait bien été conclu avec elle en 1886, mais il était loin d'apporter une solution définitive aux questions de délimitation de frontière. Peu après, en effet, des difficultés surgirent au sujet du territoire de Witu sur lequel les Allemands prétendaient avoir des droits que les Anglais leur déniaient. La question fut soumise à l'arbitrage du baron Lambermont, ministre d'État belge, qui la trancha en faveur de l'Angleterre. Les progrès des Allemands vers l'Uganda provoquaient aussi de vives inquiétudes en Angleterre. Pour couper court à tout malentendu, une convention fut signée en juillet 1890 : elle attribuait sans contestation possible Witu à l'Angleterre, et donnait pour frontière à la sphère d'influence allemande, dans la région des Lacs, le premier parallèle de latitude sud entre le Victoria-Nyanza, et la frontière de l'État indépendant du Congo. L'Allemagne, malgré toute la hardiesse et l'énergie déployées par ses agents dans « la course pour l'Uganda », en était donc repoussée définitivement. Quelques jours auparavant, la France avait reconnu le protectorat anglais sur Zanzibar en échange d'une reconnaissance semblable par l'Angleterre de son protectorat sur Madagascar.

Arrangement anglo-italien

On peut rapprocher de ces traités celui qui fut conclu quelques mois plus tard avec l'Italie et qui fixa les limites septentrionales de la sphère anglaise en lui donnant pour frontière de ce côté le thalweg de la Juba, jusqu'au 6° de latitude nord. La ligne suit ensuite le sixième parallèle jusqu'au 35° de latitude est, et ce dernier méridien jusqu'au Nil Bleu. Les limites dans lesquelles pourra s'exercer l'action de la Compagnie sont désormais fixées, sauf au nord-ouest qui reste ouvert à une extension éventuelle vers le Haut Nil égyptien. La Compagnie serait peut-être venue à bout de la colonisation d'un aussi vaste empire, si on lui avait laissé le temps de procéder d'une façon prudente et progressive. La métropole ne lui accorda pas un moment de repos et, dans sa fièvre « impériale », voulut lui faire accomplir en quelques mois l'œuvre de dix années.

Occupation de l'Uganda

L'occupation de l'Uganda offre un exemple frappant de cette politique d'extension, « malgré elle », suivie par la Compagnie. Lorsque Jackson partit à la tête de la première expédition de pionniers, il avait reçu l'ordre formel de ne pas pénétrer dans l'Uganda. Cette contrée était, à cette époque, partagée entre trois partis : les Mahométans d'une part, et de l'autre les peuplades qui avaient accueilli les missionnaires catholiques ou protestants et avaient embrassé la religion chrétienne. Du côté des catholiques se trouvait le roi Mwanga, auprès duquel les missionnaires français étaient en grande faveur. Au moment de l'arrivée de Jackson, la contrée était en plein état de guerre, catholiques et protestants étant également persécutés par le parti mahométan. Sur les instances pressantes des chrétiens, Jackson se détermina à pénétrer dans l'Uganda, y fonda quelques postes à la fois militaires et commerciaux, et retourna à la côte, laissant à leur tête M. Gedge. La Compagnie ne put en rester là : le *Foreign Office* la pressait vivement de parfaire l'occupation de l'Uganda, comme il appert notamment de deux dépêches peu connues du 22 avril et du 10 octobre 1890, et qui ne laissent pas de doute sur la pression exercée à cet égard par le Gouvernement. La Compagnie obéit et envoya au capitaine Lugard le télégramme que nous avons signalé plus haut. Celui-ci, à la tête d'une petite troupe de trois cents hommes, partit aussitôt pour l'Uganda et arriva à l'improviste à Mengo, la capitale de Mwanga, où il pénétra sans coup férir. Il fit avec le chef nègre un traité qui lui donnait un droit de contrôle sur les finances, la force armée et toutes les affaires importantes de son royaume. Au printemps de 1890, la situation était telle qu'il crut pouvoir quitter le pays en laissant pour le remplacer son lieutenant, le capitaine Williams. Lui-même s'en fut explorer les rives du Victoria-Nyanza et de l'Albert-Edouard où il découvrit des mines de sel, construisit un fort et établit l'influence anglaise. Mais, lorsqu'il rentra à Mengo, le 31 décembre 1891, il trouva les affaires fort empirées depuis son départ. Mwanga avait pris une attitude hostile à l'égard de la Compagnie, et on apprenait en même temps que celle-ci, ne se voyant pas appuyée par le Gouvernement, et jugeant la tâche au-dessus de ses forces, songeait à abandonner l'Uganda. Pour pacifier la contrée, le capitaine Lugard imagina de colloquer chacun des partis, catholique, protestant, mahométan, dans un district déterminé : les premiers furent confinés dans la région du Buddu, au nord-ouest du Victoria-Nyanza, les seconds dans l'Uganda proprement dit, les derniers dans trois petits districts. On sait les accusations qui furent portées à cette époque contre le capitaine Lugard, au sujet de la façon dont il maltraita les missionnaires catholiques, qu'il accusait de combattre l'influence anglaise dans l'Uganda. Ce n'est pas ici le lieu de discuter le bien-fondé de ces accusations; mais il n'est pas douteux cependant que, si quelques missionnaires sortirent peut-être de leur rôle exclusivement apostolique, leur conduite ne justifierait pas encore les procédés du capitaine Lugard, tels qu'ils ont été dénoncés sans être sérieusement démentis.

Ce résumé permet de se rendre compte de la façon dont une grande Compagnie à charte du XIXe siècle a réalisé les différents points d'un programme qu'elle s'était imposé. Au point de vue purement politique, elle avait certainement marché à pas de géant, puisque, trois ans après sa fondation, elle avait pénétré et occupé son empire, jusqu'aux confins les plus reculés, malgré les difficultés presque insurmontables résultant du climat, de la disposition des lieux, de la sauvagerie des tribus qu'il avait fallu traverser. Mais, précisément, l'occupation effective d'un territoire tel que l'Uganda, séparé par près de 800 kilomètres de la côte, n'était possible qu'à la condition d'établir une voie de communication aisée entre les deux points, à défaut d'une voie naturelle, telle qu'un fleuve, qui manquait absolument. L'on songea donc, dès les premiers temps, à la construction d'un railway. Une telle entreprise n'était possible qu'avec le concours du Gouvernement, et la Compagnie le réclama en se basant sur l'intérêt général que ce railway présenterait pour le commerce anglais, et sur le concours qu'il apporterait au Gouvernement pour la répression de l'esclavagisme, charge qu'il avait assumée, ainsi que les autres puissances signataires de l'acte de la Conférence de Bruxelles. En réponse à cette demande, le Parlement accepta seulement de voter un premier subside de £ 20.000 destiné aux travaux préparatoires.

Difficultés financières

Jusqu'ici la Compagnie avait bien rempli sa mission politique et militaire ; c'était malheureusement au détriment de son action colonisatrice, qu'elle n'avait eu ni le temps ni les ressources de pousser fort loin. Le rapport de la Cour des directeurs pour 1890 énumère de nombreux projets, que la Compagnie espère réaliser bientôt, mais constate peu de faits nouveaux, sinon l'achèvement d'une ligne télégraphique de Mombasa à Morareni, *via* Melinde, le long de la côte, et la construction d'une petite ligne de chemin de fer poussée jusqu'à 13 kilomètres environ de Mombasa. Le premier administrateur de la Compagnie en Afrique, M. Mackenzie, avait été remplacé par sir Francis de Winton, qui avait précédemment rempli des fonctions analogues à l'État indépendant du Congo.

Les expéditions successives de Jackson et du

capitaine Lugard avaient fait pénétrer le drapeau de la Compagnie dans l'Uganda beaucoup plus tôt qu'elle ne l'eût voulu. Elle avait agi, moitié par patriotisme, moitié par considération de sa situation dans l'Afrique orientale, où elle représentait le Gouvernement britannique, et devait par conséquent assumer les obligations et les ambitions politiques de celui-ci. Il était devenu évident, cependant, dès la fin de 1890, que ses ressources matérielles étaient absolument insuffisantes, pour soutenir une aussi colossale entreprise. Un appui financier du Gouvernement devenait nécessaire ; mais cet appui était en contradiction évidente avec les principes mêmes qui avaient présidé à l'établissement de la Compagnie. Le parti libéral avec l'un de ses chefs, sir W. Harcourt, n'eût d'ailleurs jamais consenti à voir le Gouvernement aider des deniers publics une entreprise « qu'il considérait comme d'intérêt purement privé ».

La Compagnie parle d'abandonner l'Uganda

La Compagnie obtint néanmoins, comme nous l'avons dit, un subside de 20.000 livres sterling pour les travaux préparatoires du chemin de fer, mais n'ayant pas d'espoir d'obtenir un secours direct, destiné à l'occupation de l'Uganda, les directeurs, dans leur réunion du 16 juillet 1891, résolurent d'abandonner celui-ci et décidèrent que Dagoreti serait le point extrême de l'occupation dans l'intérieur. Cette décision produisit une sensation énorme en Angleterre. « Un tel abandon, disait le *Times*, n'est rien moins qu'une calamité publique. C'est à la fois la perte définitive de tout le capital qui a été dépensé jusqu'ici, et la destruction de notre influence dans l'Afrique Centrale. La Compagnie à charte est liée par les mêmes obligations que le Gouvernement qu'elle remplace, et un tel abandon par celui-ci serait inadmissible. » Comme on peut le remarquer de nouveau en cette circonstance, le sentiment général était bien que la Compagnie n'était autre chose que le Gouvernement lui-même sous un pseudonyme, et l'opinion n'admettait pas que la considération de ses intérêts privés pût en rien lui faire oublier sa mission politique et patriotique. Mais que pouvait faire la Compagnie, qui avait épuisé tous ses fonds? Une circonstance toute spéciale vint retarder la solution du problème : des particuliers anglais, avec une générosité bien caractéristique, souscrivirent entre eux une somme de 26.000 livres sterling (650.000 francs) pour permettre à la Compagnie de prolonger pendant un an son occupation de l'Uganda, et laisser aux missionnaires qui y étaient établis le temps de prendre leurs dispositions relativement aux missions qu'ils avaient fondées. On trouverait difficilement ailleurs qu'en Angleterre l'exemple de telles générosités, inspirées seulement par des vues patriotiques ou philanthropiques.

Grâce à ce subside, la Compagnie, sans revenir sur sa décision d'abandonner la région des Lacs, accepta d'en retarder l'exécution jusqu'au 31 décembre 1892. Au mois de mai de cette année, la Cour des directeurs rappela au Gouvernement que la date fixée approchait, et il s'ensuivit de longues négociations entre le *Foreign Office* et la Compagnie: Un ministère libéral avait remplacé celui de lord Salisbury, mais quelque opposition qu'eût marquée le parti libéral à la Compagnie avant son arrivée au pouvoir, il sentait fort bien qu'il ne pouvait laisser celle-ci sans secours, et qu'il fallait ou bien entreprendre directement l'administration de l'Uganda, ou donner à la Compagnie les moyens nécessaires pour la poursuivre par elle-même. L'opinion publique, surexcitée encore par les publications et les conférences de Stanley et du capitaine Lugard, proclamant l'importance commerciale et agricole de l'Uganda, et la nécessité de protéger les populations chrétiennes contre les Arabes mahométans, n'eût pas permis l'abandon pur et simple. On s'arrêta à une solution mixte. La Compagnie retarderait de nouveau sa retraite de l'Uganda jusqu'au 31 mars 1893, afin de permettre au Gouvernement d'y envoyer une mission chargée d'examiner la possibilité d'une administration directe. Les frais résultant de cette prolongation d'occupation devaient, en conséquence, incomber au gouvernement.

État général du pays

On conçoit que, durant ces négociations, qui laissaient planer une telle incertitude sur son avenir immédiat, la Compagnie n'ait pu développer beaucoup son œuvre colonisatrice, ni dans l'Uganda qu'elle se disposait à abandonner, ni même dans les autres parties de son territoire. Les administrateurs qui avaient succédé à sir Francis de Winton : le capitaine Mackay et MM. Berkeley et Piggot, absorbés par les difficultés qu'avaient à surmonter la Compagnie dans l'extrême intérieur, n'eurent pas le loisir ni les ressources nécessaires pour s'en occuper activement.

Jusqu'à ce moment, la Compagnie avait amélioré le port de Mombasa; elle avait créé une route militaire vers l'intérieur, dont l'utilité était beaucoup plus stratégique que commerciale; elle avait commencé les travaux d'arpentage pour la construction du railway de l'Uganda. Quant à la colonisation proprement dite de ses territoires, son action avait été minime. Peu de chose avait été fait pour les plantations, les voies de communication restaient à créer, la situation générale des indigènes ne s'était guère modifiée, sauf les tentatives très louables qui avaient été faites pour abolir l'esclavage domestique dans le voisinage de la côte, et qui avaient effectivement abouti à la libération de plusieurs milliers d'individus.

D'autre part, le commerce avait subi un accroissement appréciable depuis la fondation de la Compagnie : les rapports constataient, en 1892, que les recettes douanières donnaient une augmentation annuelle de plus de 175.000 francs.

Ces résultats pouvaient être considérés comme satisfaisants, si l'on songe aux circonstances dans lesquelles s'était trouvée la Compagnie. Nul doute qu'elle ne se fût dévouée pleinement et activement à son œuvre colonisatrice, si elle n'avait été contrainte, comme elle le fut, d'être avant tout l'agent docile de la politique « impériale ». Rien n'est plus curieux que de comparer entre eux les rapports publiés par la Cour des Directeurs pour les meetings annuels de la Compagnie. Jusqu'en 1892, ils témoignent d'une confiance absolue dans l'avenir de la Compagnie, annoncent tout ce que celle-ci se propose d'effectuer pour la mise en valeur du pays, et ce qu'elle est déjà en voie de réaliser. Puis le ton change : les préoccupations politiques restent seules à solliciter son intérêt, et, en 1893 et 1894, les rapports ne parlent plus guère que des charges écrasantes imposées par les exigences du Gouvernement, et des griefs que la Compagnie accumule contre celui-ci au sujet de son refus d'intervention pécuniaire, des obstacles qu'il met à l'exécution de l'article de la charte relatif à la collection de taxes par la Compagnie, et enfin de l'extension au territoire de Zanzibar de la zone de commerce libre. De fait, à partir de ce moment, l'action colonisatrice de la Compagnie, qui avait heureusement débuté, se trouvait forcément arrêtée, et, quoiqu'en aient dit ses détracteurs, il ne semble pas qu'on puisse en imputer la cause à elle-même.

Mission de sir Gerald Portal
Cession de l'Uganda au Gouvernement

En exécution de l'arrangement conclu entre le Gouvernement et la Compagnie, sir Gerald Portal, consul général d'Angleterre à Zanzibar, reçut la mission de se rendre dans l'Uganda, afin d'y examiner la situation politique, religieuse et agricole du pays. Il partit de Mombasa en janvier 1893, accompagné d'une douzaine d'Européens, escorté de nombreux porteurs et de deux cents soldats zanzibarites. Trois mois après, il pénétrait dans l'Uganda, y faisait des reconnaissances dans les divers districts, afin de se rendre compte de la position des divers partis qui peuplaient cette turbulente contrée, reconnaissait la valeur des territoires au point de vue de leur exploitation agricole et finalement concluait avec Mwanga un traité en vertu duquel l'Uganda passait virtuellement sous la domination directe de la Grande-Bretagne, sous forme d'un protectorat. Ce traité ne fut ratifié qu'à la fin de 1894.

Retraite progressive de la Compagnie

La Compagnie, qui avait commencé ses opérations dans les seuls territoires attribués par la concession du sultan, c'est-à-dire une bande de terre située le long de la côte, avait, comme on l'a vu, étendu rapidement son action au-delà de ces limites primitives. La concession du sultan en même temps que la charte royale lui donnaient en effet le droit de faire des traités avec les chefs indigènes et de s'étendre vers l'intérieur, dans les territoires compris sous la dénomination assez vague de sphère d'influence. Elle ne s'en était pas fait faute ; aujourd'hui elle revenait sur ses pas, abandonnant d'abord l'Uganda. Mais ce n'était pas sans résultat, car elle y laissait à sa place l'administration directe de l'empire, et n'était-ce pas son rôle, en somme, d'y conduire celle-ci, dont elle devait n'être que l'avant-courrière? On pouvait seulement lui reprocher de l'y avoir menée trop tôt avant d'avoir accompli elle-même sa mission de préparation ; le défaut de ressources matérielles l'y avait seul contrainte. Peu après l'Uganda, elle abandonnait Witu et ne conservait plus, en dehors des concessions du sultan, que deux postes, l'un à Kikuyu, et l'autre à Machakos, sur la route des Lacs.

Mais, dans ces limites restreintes où elle se trouvait confinée, la Compagnie ne pouvait même plus faire face aux difficultés de la situation.

Dissolution de la Compagnie

Elle entama donc des négociations avec le Gouvernement pour le rachat de ses droits par celui-ci. Ces négociations furent longues et laborieuses. La Compagnie, d'une part, estimait que l'évaluation de son œuvre ne pouvait pas seulement porter sur ses propriétés actuelles, mais sur tout ce qu'elle avait entrepris en vue de favoriser les intérêts de l'empire, telle son action dans l'Uganda. Au contraire, le Gouvernement se refusait entièrement à admettre ce système, et il semble bien un peu que la lenteur qu'il apportait dans ses négociations n'avait d'autre but que de placer la Compagnie dans une situation de plus en plus critique et de l'amener ainsi plus facilement à composition. Cette tactique gouvernementale souleva dans la presse des protestations unanimes, et le ministère se fit plus conciliant. On finit par transiger en 1895, la Compagnie acceptant une somme de £ 250.000 pour la cession de tous ses droits et propriétés dans l'Afrique orientale. Un cinquième de cette somme représentait la compensation payée par l'Angleterre pour la reprise de la charte, et le reste était payé par Zanzibar pour la rétrocession de la concession et des propriétés accordées par le sultan en 1888.

Coup d'œil rétrospectif

Ainsi se termina l'œuvre de l'*Imperial British East Africa Company*. Les grandes lignes de son histoire viennent d'être tracées. Si l'on cherche à se rendre compte, d'après cette vue d'ensemble, du rôle joué par elle au point de vue du double intérêt, politique et colonisateur, qui avait suscité sa formation, on trouve que, pour le premier d'entre eux tout au moins, elle n'a pas failli à sa mission. Qu'on se rappelle la situation de l'Afrique orientale anglaise au moment de la fondation de la Compagnie. Les limites de la « sphère d'influence » étaient fort vagues, et l'occupation effective qui pouvait seule en assurer le maintien était nulle. Le sultan de Zanzibar lui-même n'exerçait, en réalité, de droits que sur les îles et une bande côtière fort étroite. Ce sont ses droits sur cette dernière partie de son domaine qu'il céda à la Compagnie. Mais l'intérieur, l'hinterland proprement dit, restait non seulement inoccupé, mais presque inexploré. Diverses conventions y avaient reconnu l'existence d'une sphère d'influence anglaise ; encore fallait-il que cette influence se justifiât par des actes d'occupation. La Conférence de Berlin venait en effet de se réunir et avait établi ce principe « qu'une occupation effective pouvait seule consacrer un droit de souveraineté territoriale ». Quoique ce principe ne se rapportât qu'aux régions côtières, on l'avait bientôt étendu aux régions situées à l'intérieur des terres, et l'Angleterre, l'ayant elle-même invoqué récemment contre le Portugal, pouvait difficilement se dérober aujourd'hui à sa rigueur.

Le Gouvernement néanmoins répugnait à une action directe ; il recourut au moyen aisé d'une grande Compagnie à charte, sur laquelle il se déchargea de l'obligation d'occuper le pays, sans cependant intervenir en aucune façon dans les dépenses qui devraient être effectuées pour atteindre ce but. Il est incontestable que l'*Imperial British East Africa Company*, pendant les six années de son existence, s'occupa avec une admirable énergie de pénétrer le pays confié à son administration. Elle le fit peut-être plus vite et plus largement que ses propres intérêts ne l'eussent désiré, mais enfin elle le fit, et les résultats de son action furent considérables à un point de vue « impérial », car elle sauva les territoires de l'absorption par les protectorats allemand et italien qui les menaçaient d'une occupation, si une occupation anglaise n'avait pas été vivement poussée. L'œuvre de la Compagnie eut donc ce résultat de conserver à la Grande-Bretagne un territoire immense qui pouvait lui échapper. Après l'avoir gardé six ans, elle le lui restitua, moyennant une compensation minime. Pourtant elle n'avait pas seulement *conservé* cet empire est africain : elle avait aussi commencé à le mettre en valeur, à l'organiser autant que le lui avaient permis ses ressources. La région entre la côte et l'État indépendant du Congo avait été explorée, et une administration sommaire y avait été établie ; le cours des rivières Tana et Juba reconnu, et un steamer naviguait sur l'une d'elles ; beaucoup avait été fait pour la suppression de l'esclavage ; bref une grosse partie des travaux préparatoires de toute colonisation était déjà accomplie quand la Compagnie résilia sa charte en 1895. Ceux qui avaient espéré davantage oubliaient assurément la situation particulièrement difficile dans laquelle s'était trouvée la Compagnie. Dès les premières années de sa fondation, elle avait été moralement contrainte par l'opinion de donner une telle importance à son rôle politique, sous prétexte de grandeur impériale, qu'elle n'avait pu songer à ses propres intérêts matériels. Certaines circonstances locales étaient également fâcheuses, et notamment le manque de voies de pénétration vers l'Uganda : pas de fleuve, à peine une mauvaise route de caravanes. D'après des renseignements collationnés au *War-Office*, en 1893, le prix de transport d'une tonne de marchandises entre Mombasa et l'Uganda coûtait encore, à cette époque, £ 300 (7.500 francs)[1].

La Compagnie, qui assurait à l'Angleterre la possession de l'East-African, n'avait même pas la ressource d'user des privilèges que lui garantissait sa charte. C'est ainsi que son droit de lever des taxes dans son territoire fut toujours entravé par le Gouvernement métropolitain, et que le sultan de Zanzibar, ayant placé ses territoires dans la zone de commerce libre, avait dépourvu de toute valeur la concession de la ferme des douanes qu'il avait accordée à la Compagnie.

Telles sont les nombreuses difficultés matérielles qu'eut à surmonter la Compagnie. On peut les confronter avec son œuvre politique et les résul-

[1] Handbook of British East Africa, prepared in the War intelligence Division, *War-Office*, 1893.

tats relativement satisfaisants obtenus dans ses tentatives d'organisation de son domaine. Elle avait, en somme, rempli sa mission, ayant accompli une œuvre *nationale*, au milieu de circonstances difficiles, et il en coûta vingt fois moins au Gouvernement que s'il avait voulu l'entreprendre lui-même.

CHAPITRE IV

LA « BRITISH SOUTH AFRICA CHARTERED COMPANY »

§ I. — Fondation de la Compagnie

La dernière venue, et déjà la plus fameuse, de toutes les Compagnies à charte fondées au xix⁰ siècle est la *British South Africa Company*, celle que, dans le langage courant, on est convenu d'appeler par excellence : la *Chartered*. Elle mérite cette appellation mieux qu'aucune autre; en effet, elle a réalisé le type d'une de ces Compagnies privées, tirant d'une charte royale une puissance vraiment souveraine, et parvenant à la fois, par la force de ses capitaux et par le prestige de ses armes, à constituer, dans des contrées barbares, un nouvel État civilisé. Beaucoup ne la connaissent que par ses mésaventures et surtout par la malencontreuse équipée du Dʳ Jameson. A côté de fautes politiques graves, la *Chartered* a cependant accompli une œuvre énorme, assez mal appréciée et qu'il importe de faire connaître, non tant pour la venger des accusations dont on l'a accablée que pour montrer ce que peut, en bien comme en mal, une grande Compagnie à charte, à la fin du XIXᵉ siècle.

Situation de l'Afrique du Sud en 1889

Il y a dix ans, — lorsque le *scramble for Africa*, la lutte pour la conquête du continent noir, était dans toute son ardeur, — l'Afrique du Sud restait partagée entre trois nations européennes. L'Angleterre occupait la pointe méridionale avec sa colonie du Cap et les dépendances de celle-ci, — le Portugal conservait ses anciennes possessions de Mozambique sur la côte orientale, — l'Allemagne venait de s'établir sur la côte occidentale. L'intérieur était cependant exempt d'occupations européennes : on y trouvait seulement les petites républiques indépendantes des Boërs : l'*État libre d'Orange* et la *République Sud-Africaine* ou *Transvaal*. Le reste de l'immense territoire compris entre les colonies anglaise, portugaise et allemande et le Zambèze, était habité par deux grandes tribus : les Matabelès et les Mashonas, gouvernées par un chef puissant : Lo-Bengula. L'Angleterre à qui son échec dans sa tentative contre l'indépendance des Boërs, en 1884, avait fait perdre une part de son influence dans l'Afrique du Sud, ne pensait pas s'attaquer de sitôt aux forces de Lo-Bengula ; le Portugal se restreignait aisément à ses possessions de la côte sans éprouver encore grande ambition de conquête ; l'Allemagne venait à peine de s'installer et ne pouvait déjà songer à s'étendre. Cet « hinterland », d'une étendue de plus de 500.000 milles carrés, demeurait donc indépendant malgré les richesses qu'on lui supposait, alors que la moindre parcelle du continent noir était ardemment convoitée. Aujourd'hui, c'est-à-dire moins de dix ans plus tard, ces territoires ont été transformés en un pays civilisé, semé de villes européennes, traversé par des routes, des railways, des lignes télégraphiques. En même temps ils sont devenus une nouvelle province de l'empire britannique. On verra, par la suite de cette étude, comment la *Chartered* a été l'agent de cette transformation rapide et radicale.

Le royaume de Lo-Bengula

Déjà, avant 1888, Lo-Bengula avait eu de fréquents rapports avec les Européens, dont quelques-uns avaient parcouru son royaume en « prospecteurs » pour y découvrir les mines d'or que l'on supposait y exister. Diverses concessions relatives à l'exploitation des minéraux avaient même été accordées par lui à des particuliers, notamment à deux Anglais, M. Baines en 1871, et sir John Swinburne en 1872 ; mais les bénéficiaires n'avaient tiré que peu ou point de profits de leurs concessions. Les bruits relatifs à l'existence de gisements aurifères dans la contrée commençant à s'accréditer, la convoitise des pays limitrophes s'éveilla. Un agent du Gouvernement allemand tenta d'entrer en négociations avec Lo-Bengula, et les Boërs eux-mêmes, fuyant devant la civilisation qui les poursuivait, songèrent à organiser un nouveau *trek* et à envahir les domaines de celui-ci. On rapporte qu'à la fin de 1887 un géographe, ayant dressé une carte du bassin de la Vaal River, la soumit au président Krüger. La République Sud-Africaine, dans ses limites marquées par la convention de Londres, était coloriée en jaune d'or, et les territoires de Lo-Bengula en brun sombre. « Faites-les jaunes aussi », aurait dit M. Krüger, en indiquant le Matabeleland et le Swaziland.

Lo-Bengula accepte le protectorat anglais, 11 février 1888

Quoi qu'il en soit, l'Angleterre prévint ces intentions envahissantes de l'Allemagne et du Transvaal, en agissant habilement et discrètement auprès de Lo-Bengula. Celui-ci signait avec elle, le 11 février 1888, une convention en vertu de laquelle il s'engageait à s'abstenir de correspondre ou de conclure aucun traité avec les

Gouvernements étrangers, et à ne céder à aucun de ceux-ci quelque partie de ses territoires ou de ses droits sans l'autorisation du Haut Commissaire anglais pour l'Afrique du Sud.

Concessions accordées à un syndicat anglais

Peu de temps après, le 30 octobre de la même année, Lo-Bengula concédait à MM. Rudd, Rochfort Maguire et Thompson, représentant un syndicat puissant dirigé par M. Cecil Rhodes, le droit d'exploiter les richesses minières de son royaume. En retour, le syndicat promettait de payer au roi une rente mensuelle de £ 100 et de lui livrer 1.000 carabines Martini-Henry, 100.000 cartouches, et à son choix une canonnière à vapeur pour naviguer sur le Zambèze, ou une somme de £ 500. Cette fois, nous nous trouvons en présence d'une Société sérieuse. Le nom seul de son initiateur nous révèle son importance ; il n'aura garde de laisser prescrire les droits accordés par Lo-Bengula.

La Société jouissait, au surplus, de l'appui du Gouvernement anglais, comme l'atteste une lettre adressée par lord Knutsford, secrétaire d'État aux Colonies, au roi nègre, dans laquelle il lui faisait remarquer l'impossibilité où il se trouvait d'interdire aux blancs l'accès de son territoire et lui conseillait, dans ces conditions, pour éviter des discussions incessantes, de ne pas traiter avec toutes sortes de personnes, mais seulement avec une Société bien organisée et sérieuse, c'est-à-dire le syndicat dont on vient de parler, et qui allait devenir la *Central Search Association*.

Cecil Rhodes

Un nouveau nom vient d'apparaître dans les négociations, c'est celui de M. Cecil Rhodes. Cet homme, dont ses admirateurs enthousiastes ont fait un « Napoléon du Cap », un autre « colosse de Rhodes », une sorte de demi-dieu (et peu de demi-dieux eurent autant de fidèles), est incontestablement l'une des figures les plus intéressantes de notre temps. Ses origines sont modestes: Fils d'un pasteur protestant anglais, il partit pour le Cap, fort jeune encore, afin d'y rétablir sa santé chancelante. Après un stage préparatoire dans diverses entreprises, il s'intéressa à l'affaire des mines de diamants de Kimberley et y fit une fortune colossale, qu'il dépense d'ailleurs avec générosité. M. Rhodes est bientôt devenu l'âme de toutes les grandes entreprises financières fondées dans l'Afrique du Sud depuis ces dernières années. Il est « l'amalgamateur » par excellence, fondant, fusionnant sans cesse de nouvelles Sociétés, jonglant avec les millions.

Ce n'est pas seulement un habile financier, c'est aussi un véritable homme d'État. Encore très jeune, lancé déjà dans les affaires financières, il comprit lui-même l'importance d'une formation classique, refit son éducation et alla prendre ses degrés de lettres à Oxford. Rentré au Cap, il se mêla à la politique, devint bientôt membre de l'Assemblée législative, et finalement premier ministre, après la chute du cabinet de sir Gordon Sprigg. Il est depuis lors resté le chef du parti progressiste, se montrant surtout le champion de la politique « impérialiste » et de la Fédération de l'Afrique du Sud. On connaît son grand projet : réunir le Cap au Caire par une ligne télégraphique et par un chemin de fer, établis sur une bande ininterrompue de territoires britanniques, projet qui est aujourd'hui en voie de réalisation. Quant à la fédération de l'Afrique du Sud, la tentative qu'il fit en 1896 pour l'établir d'une manière violente n'a pas été également couronnée de succès. Mais c'est un caractère indomptable et que les échecs n'arrêtent pas. Pour réaliser son premier projet, il s'est servi d'une Compagnie à charte qu'il a envoyée, comme un pionnier de l'Angleterre vers le cœur de l'Afrique, à la rencontre de ces autres pionniers qui remontaient le Nil. Son télégramme de félicitations à sir Herbert Kitchener, après la victoire de l'Atbara, est caractéristique : « Bonnes nouvelles. Mon ennui est que vous allez arriver à l'Uganda avant moi. » Les deux amis partent à la rencontre l'un de l'autre, de deux points distants de près de 7.500 kilomètres à vol d'oiseau. Le plus simplement du monde, ils se donnent rendez-vous sur les rives du Victoria-Nyanza, comme pour une partie de chasse.

Dans le succès ou l'insuccès, M. Rhodes est resté également populaire, et aujourd'hui qu'après une éclipse qui suivit le *Jameson Raid*, il vient de rentrer dans la vie politique, son nom est devenu le signe de ralliement d'un des deux grands partis qui divisent l'Afrique du Sud et qu'on peut appeler : le Rhode-sime et le Krügerisme. Le duel est engagé entre les deux hommes qui représentent : l'un, la politique de la suprématie anglaise ; l'autre, la résistance hollandaise. Reste à voir qui en sortira vainqueur, « Rhodes, nous disait dernièrement un « homme politique anglais, is the only man who can « stand up to Paul Kruger. » Pour ceux qui connaissent l'antipathie du public anglais pour ce dernier, cela suffirait à expliquer une bonne part de la popularité de M. Rhodes.

Financier habile, homme d'État à larges vues, celui-ci est un orateur d'une grande puissance. Il faut l'avoir entendu parler dans ce qui devrait être une simple Assemblée d'affaires de la *Chartered*, mais est en réalité un meeting politique tumultueux où se pressent des milliers d'auditeurs, pour comprendre l'influence qu'il a sur les foules. Il parle simplement, développant des faits avec une grande science du détail, sans beaucoup de chaleur, mais avec ce ton si profondément convaincu qui est le propre de l'éloquence anglaise. Quand il parle, par exemple, de l'avenir de la Rhodesia et de la grandeur de l'œuvre entreprise par la Compagnie, c'est non seulement avec confiance dans l'avenir, mais avec une conviction si assurée qu'il la communique à ses auditeurs et qu'il n'a aucune peine à leur faire voter d'enthousiasme de nouvelles augmentations de capital.

Cette esquisse de la personnalité de M. Rhodes s'imposait au début de cette étude. Il ne faut pas oublier que, en effet, la *Chartered* et M. Rhodes s'identifient en quelque sorte, et que, celui-ci ayant tout été pour elle, il n'est pas étonnant qu'elle ait subi profondément l'impression du caractère de son fondateur-directeur. Le double aspect, politique et financier, de la Compagnie trouvera dans ce fait une explication logique.

Opérations financières préparatoires à la constitution de la « Chartered »

On a vu M. Rhodes obtenir de Lo-Bengula une concession importante pour le syndicat qu'il dirigeait. Il fusionna aussitôt dans celui-ci tous les intérêts des concessionnaires antérieurs, quelque incertaine que fût parfois la valeur de leurs concessions. Il le fit avec une grande libéralité, pour éviter toute contestation et englober dans une même organisation les intérêts de tous ceux qui pouvaient prétendre à quelque droit sur les territoires de Lo-Bengula. Le syndicat primitif devint alors la *Central Search Association*, au capital de £ 121.000. Sur ce capital, £ 92.000 furent représentées par des actions d'une livre sterling, entièrement libérées, qui furent distribuées aux associés en payement de leurs droits ou en remboursement de leurs avances. Les autres actions, au nombre de 29.000, furent souscrites en argent, les fonds disponibles devant servir à explorer le pays, à établir des relations avec les chefs indigènes, en un mot à préparer le terrain pour d'autres opérations. C'était une Société d'études qui, après avoir reconnu la valeur de son avoir, devait en faire l'apport à une autre Société, Société d'exploitation. En effet, après avoir achevé les études préparatoires, la *Central Search Association* se transforma à son tour et devint l'*United Concession Company*, qui se fusionna presque aussitôt avec la *Chartered*, la première apportant comme actif les concessions dont elle avait les titres, la seconde se chargeant d'occuper les territoires et de les mettre en valeur, moyennant partage égal des bénéfices. Cette série d'opérations fut conduite par M. Rhodes, qui le fit d'autant plus aisément que toutes ces Compagnies avaient à peu près les mêmes directeurs : lord Gifford, M. Cawston, M. Beit, M. Rhodes lui-même. Les mêmes personnes se retrouvaient encore dans l'administration de la société *de Beers* pour l'exploitation des mines de diamants, qui aida si puissamment la *Chartered* par son appui financier.

Maître des concessions de Lo-Bengula, disposant de capitaux suffisants, ayant préparé le terrain, M. Rhodes avait désormais à obtenir pour la grande Compagnie qu'il méditait de fonder, l'appui officiel du gouvernement britannique, et une charte royale lui donnant les droits politiques nécessaires pour en faire une véritable Compagnie souveraine.

Demande d'une charte au Gouvernement

Le 30 avril 1889, lord Gifford adressait, au nom des fondateurs, la lettre suivante à lord Knutsford, secrétaire d'État pour les Colonies. « My-
« lord, J'ai l'honneur de vous soumettre le pro-
« gramme d'une Compagnie en formation qui
« aurait pour but le développement du Protecto-
« rat du Bechuanaland et des contrées situées
« plus au nord. Les objets que se propose cette
« Compagnie sont les suivants : 1° étendre
« plus au nord le système de railways et de lignes
« télégraphiques, dans la direction du Zambèze,
« 2° encourager l'immigration et la colonisation ;
« 3° développer le commerce ; 4° exploiter les
« richesses minières, sous une direction unique
« et puissante, qui empêchera les conflits inévi-
« tables entre plusieurs petites concessions rivales.
« Je suis autorisé, par les gentlemen promoteurs
« de l'association, à déclarer qu'ils sont prêts à
« commencer de suite la construction de la pre-
« mière section du railway et l'extension de la
« ligne télégraphique de Mafeking à Shoshong, et
« qu'ils ont déjà souscrit entre eux £ 700.000
« dans ce but. Eu égard aux lourdes responsabilités
« que l'association se propose d'assumer et qui
« ne seront probablement pas rémunérées avant

« longtemps, et attendu qu'une reconnaissance
« officielle par le Gouvernement de Sa Majesté
« est nécessaire pour l'accomplissement du but
« susmentionné, nous nous proposons de solliciter
« l'octroi d'une charte royale et de demander
« que les droits et intérêts acquis loyalement par
« nous dans ces territoires reçoivent l'appui moral
« et la sanction du Gouvernement de Sa Majesté.
« Par la fusion de tous les intérêts sous un con-
« trôle commun, cette association, en tant que
« Chartered Company, avec un Conseil de direc-
« teurs élus et jouissant, à Londres, de la plus
« haute considération sociale, avec une adminis-
« tration locale en Afrique du caractère le plus
« influent, ayant l'appui de Sa Majesté et de l'opi-
« nion *at home*, et la confiance des natifs en
« Afrique, pourra pacifier et coloniser les terri-
« toires situés au nord du Bechuanaland, avec les
« meilleurs résultats pour le commerce anglais
« et les intérêts des indigènes. »

Les territoires du Bechuanaland, dont il est question dans cette lettre, sont les territoires formant la frontière septentrionale de la colonie du Cap. L'Angleterre les avait occupés quelques années auparavant et les avait divisés en deux groupes : la partie méridionale avait été convertie en colonie de la Couronne, l'autre restant soumise à un simple protectorat. Le Bechuanaland séparait donc la colonie du Cap proprement dite du royaume de Lo-Bengula.

Le *Colonial-Office* répondit, le 16 mai, à la demande de lord Gifford, par une lettre qui demandait des explications plus détaillées sur le caractère de la charte sollicitée. Lord Knutsford faisait savoir qu'il ne pouvait encore engager sa parole avant d'avoir consulté ses collègues. « La décision,
« disait-il encore, dépendrait beaucoup de la per-
« sonnalité des promoteurs de la Compagnie et
« des engagements que prendrait celle-ci pour la
« protection des Européens et des indigènes dans
« ses territoires. »

Fondateurs de la « Chartered »

Lord Gifford s'empressa aussitôt de rédiger une pétition détaillée portant les noms des principaux promoteurs et l'adressa à lord Knutsford, en la faisant suivre de ces mots : « Je suis sûr que les noms
« indiqués dans la pétition seront une garantie
« suffisante pour vous que la Compagnie sera admi-
« nistrée d'une façon digne de sa grande impor-
« tance nationale. » Il est intéressant de signaler à quel point ces pionniers de l'Afrique du Sud, ces nouveaux *merchants adventurers*, ressemblent peu à l'idée qu'on s'en fait fréquemment. On les a traités d'aventuriers, ce qui n'est pas en soi une

injure. En fait, ce sont pour la plupart des hommes d'une haute situation sociale et ayant fait des études scientifiques et littéraires, des *classical men*.

M. Rochfort Maguire, qui négocia la concession de Lo-Bengula, a pris tous ses degrés à Oxford *a double « first class »* et est un *fellow* du fameux collège de *All Souls*. M. Jameson, dont il sera tant parlé, est un docteur en médecine de l'Université de Londres, où il a fait les plus brillantes études. M. Cawston est un *barrister-at-law* du barreau de Londres. Quant à M. Rhodes, il occupe lors de la fondation de la Compagnie, les plus hautes fonctions politiques dans la colonie du Cap. Les autres membres de la direction, le duc de Fife, gendre du Prince de Galles, le duc d'Abercorn, un des premiers pairs du royaume, lord Gifford, M. Grey, membre du Parlement, appartiennent à l'élite de la société anglaise. M. Beit est un des plus importants hommes d'affaires de Kimberley et de Johannesburg. Lorsqu'on voit de tels hommes prendre eux-mêmes l'initiative et la direction d'une entreprise, on s'étonne moins qu'un Gouvernement, se reposant sur leur honorabilité, leur délègue des droits politiques aussi importants que ceux qui furent concédés à la *British South Africa Chartered Company*. On peut être assuré de ne pas les confier à de simples lanceurs d'affaires, mais à des personnes ayant souci de la responsabilité qui leur incombe, pénétrées de la mission importante qu'elles ont à remplir en même temps que soucieuses de soigner leurs intérêts financiers.

Accueil fait par l'opinion à la demande d'une charte

L'annonce de la création de la nouvelle Compagnie fut favorablement accueillie par la grande partie de l'opinion publique. Les déclarations de la presse anglaise à cet égard sont presque unanimes. La plupart des grands journaux approuvèrent le Gouvernement dans sa résolution d'accorder la charte sollicitée. Le *Times* disait, dans son numéro du 29 mai 1889 : « Nous ne pouvons voir « de solution donnant de plus grandes espérances, « que l'octroi d'une charte à une Compagnie cons- « tituée sur le modèle admirable de la Compagnie « de l'Afrique orientale. » Les uns voyaient dans la nouvelle Compagnie un moyen économique pour l'Angleterre d'étendre son influence dans l'Afrique du Sud ; d'autres y voyaient surtout une barrière à l'extension de l'influence allemande, qui menaçait de couper la route du Cap au Caire ; d'autres enfin entrevoyaient même la possibilité de reprendre par elle le Transvaal. L'*Economist*, dans un article du 26 octobre 1889, résumait les principales craintes en faisant observer que, « si les

« territoires de la Compagnie venaient jamais à
« être envahis par une puissance étrangère, ou s'il
« y éclatait une révolution, l'intervention de l'ar-
« mée impériale serait toujours nécessaire ; en
« sorte que, malgré l'existence de la Compagnie,
« la responsabilité du Gouvernement demeurait
« toujours entière, et qu'il aurait mieux valu, dans
« ces conditions, que celui-ci entreprît directe-
« ment l'occupation du pays ». On verra par la
suite si ces prévisions de l'*Economist* ont été justifiées par les événements.

D'autres protestations se firent aussi entendre
à la Chambre des Communes, dans la séance du
3 septembre, mais elles visaient moins le fond de
la question que la forme dans laquelle la charte
était concédée. « Je trouve inadmissible, déclarait
« sir G. Campbell, qu'une énorme concession
« comme celle-ci, s'étendant à tout un continent,
« puisse être accordée en secret, sans l'assenti-
« ment du Parlement. » Le baron de Worms,
sous-secrétaire d'État pour les Colonies, répondit
qu'il s'agissait là d'une prérogative toujours reconnue à la Couronne, et cette déclaration fut approuvée par la grande majorité de la Chambre. « Plu-
« sieurs des membres qui font aujourd'hui des
« objections à l'octroi de la charte, ajoutait-il, ont
« souvent protesté contre toute politique d'exten-
« sion coloniale : en accordant la charte, nous

« voulons précisément éviter ce qu'ils redoutent.
« *Nous voulons répandre la civilisation sans assu-*
« *mer les graves responsabilités d'un protectorat.* »
La nouvelle charte sera calquée sur celles des
Compagnies du Niger et de l'Afrique orientale,
tout en stipulant cependant des garanties plus
sérieuses de contrôle impérial, en ce qui concerne
les relations extérieures de la Compagnie et sa
politique à l'égard des indigènes.

En dehors de ces quelques protestations, on peut
dire que le Gouvernement avait l'assentiment de
l'opinion publique en accordant la charte. Et, en
effet, cette création d'une grande Compagnie à
charte, tout en étant motivée par la pensée d'éviter
une nouvelle extension de territoire, n'en était pas
moins un acte de politique « impériale », et par
conséquent populaire. « Nous voulons répandre la
« civilisation », disait le baron de Worms. Cela
signifiait surtout : répandre l'autorité de l'Angleterre dans l'Afrique du Sud. L'Angleterre y
possédait certes, outre ses colonies, une sphère
d'influence. « Mais cette sphère d'influence, répon-
« dait lord Knutsford à une délégation de la
« Chambre de Commerce de Londres, est un
« terme que je préfère ne pas définir. Elle consiste
« principalement en ce que nous ne voulons pas
« permettre que, soit l'Allemagne, soit le Portu-
« gal, soit toute autre nation, s'établisse dans les

« territoires auxquels elle s'applique. » C'est pour transformer cette sorte de domination négative en une occupation réelle du pays, sans susciter de trop vives protestations à l'extérieur, et sans s'aventurer dans de trop grandes dépenses, que le Gouvernement comptait sur la *Chartered*.

En même temps il comprenait fort bien, comme il ressort de la correspondance échangée entre le *Colonial Office* et le *Foreign Office*, que refuser la Charte ne serait pas empêcher la Compagnie de se fonder. Rien n'était plus facile à celle-ci que de se constituer sous le régime de droit commun en observant les prescriptions des *Joint Stock Companies Acts*. Elle y aurait perdu sans doute quelque prestige; mais le Gouvernement y aurait perdu encore plus en se privant de tout contrôle sur son administration. C'était une alternative absolument semblable à celle qui s'était déjà présentée pour les autres Compagnies à charte. Le plus sage était d'accorder la charte, en se réservant un droit d'intervention efficace, et c'est ce qui fut fait.

Le 29 octobre 1889, la charte d'incorporation était signée par la reine.

§ II. — Charte de la *British South Africa Company*

La charte de la *British South Africa Company* est la plus récente des chartes accordées par la Couronne britannique aux grandes Compagnies coloniales. Elle est aussi la plus détaillée et la plus rigoureuse, quoique beaucoup de ses prescriptions ne soient qu'une reproduction des chartes précédentes. Il est inutile de revenir sur la concession de Lo-Bengula, dont elle est, en principe, la confirmation, et qui a été rapportée plus haut. Cette concession n'était, à tout prendre, qu'une concession minière qui n'accordait pas de droits souverains, comme c'était le cas, par exemple, pour les actes de concession accordés par les sultans de Brunéï et de Zanzibar à la *British North Borneo Company* et à l'*Imperial British East Africa Company*. La charte royale, tout en reconnaissant et confirmant dès ses premiers articles cette concession de Lo-Bengula, énumère, dans les articles qui suivent, certains droits régaliens que celle-ci ne prévoyait en aucune manière. Dans le cas des autres Compagnies, la charte, en reconnaissant des droits de cette nature, ne faisait qu'enregistrer une concession précédemment obtenue du souverain indigène. Dans le cas présent, elle les accorde de plein droit et de sa propre autorité. Aussi est-ce assez inexactement que l'on a dit que « la charte « homologue simplement les concessions et leur « donne force de loi anglaise. La signature de « Lo-Bengula reçoit l'aval de la reine Victoria. » La reine contresigne peut-être l'acte de Lo-Bengula, mais après en avoir singulièrement étendu le sens.

Charte d'incorporation, du 29 octobre 1889

Quant aux termes de la charte, ils sont très analogues à ceux des chartes précédentes, avec cette différence que celle-ci entre dans plus de détails touchant la constitution de la Compagnie, et contient quelques prescriptions nouvelles ayant pour but de permettre au Gouvernement un contrôle plus efficace sur son administration.

*
* *

Comme les chartes précédentes, celle de la *British South Africa Company* confirme à celle-ci l'exploitation des territoires concédés et lui permet, au surplus, d'en acquérir de nouveaux, (art. I, II et III). Elle a l'habileté de n'indiquer que les limites méridionales du domaine de la Compagnie : le Bechuanaland britannique, le Transvaal, et, plus à l'est, les colonies portugaises, mais de en lui en fixer aucune vers le nord, ce qui doit l'encourager implicitement à pousser hardiment dans cette direction, et on sait qu'elle ne s'en fit pas faute.

*
* *

Pour maintenir l'ordre dans ses possessions, elle est autorisée à publier telles *ordonnances* qui lui paraîtront nécessaires à cet effet, avec l'approbation du Secrétaire d'État, et à organiser une *force de police* (art. X).

*
* *

Comme elles encore, elle permet au Secrétaire d'État de faire des *remontrances* à la Compagnie, dans le cas où il n'approuverait pas la ligne de conduite tenue par elle vis-à-vis des puissances étrangères, ou vis-à-vis des indigènes soumis à sa juridiction (art. VIII et XV). Elle réserve également à la Couronne la *faculté de révoquer* le privilège de la Compagnie, si celle-ci venait à faillir à ses obligations (art. XXXV). Elle insiste sur le *caractère anglais* de celle-ci, dont le siège social devra être établi en Angleterre, et dont les administrateurs devront être Anglais (art. VI).

L'une des clauses les plus importantes, relative à l'*interdiction du monopole* (art. XX), est encore reproduite presque textuellement d'après les autres chartes, ainsi que celles relatives au *traitement des indigènes*, obligeant la Compagnie à s'efforcer d'abolir l'esclavage, et lui défendant pour le surplus de s'ingérer dans les coutumes et usages des natifs (art. XI et XIV). La nouvelle charte prescrit en outre de prendre des mesures contre la vente des boissons alcooliques aux indigènes (art. XII).

Restent les *pouvoirs civils*, simplement énumérés par la charte et qui sont les pouvoirs ordinaires des sociétés commerciales. La charte renvoie le règlement de ces questions à une convention particulière, un *Deed of Settlement*.

Prescriptions spéciales de la charte de 1889

A côté de ces dispositions générales devenues en quelque sorte des dispositions « de style », il y a, dans la charte de la *British Soult Afica Company*, quelques prescriptions nouvelles. C'est d'abord l'article XVII, qui enjoint aux directeurs de soumettre, chaque année, leurs comptes de recettes et dépenses, ainsi que les estimations de recettes et dépenses pour l'année suivante, à l'approbation du Secrétaire d'État. Il est à remarquer que la charte n'entend parler ici que des recettes et dépenses faites par la Compagnie, en sa qualité de pouvoir public et non comme Société commerciale. L'article suivant oblige ensuite la Compagnie et ses fonctionnaires à se soumettre aux injonctions du Haut-Commissaire anglais pour l'Afrique du Sud, résidant au Cap. C'est un contrôle local qui n'existait pas pour les autres Compagnies. Enfin, en vertu de l'article XXXIII, la charte n'est accordée que pour une période de vingt-cinq ans, prolongée par tacite reconduction de dix en dix ans, après laquelle le Gouvernement pourra la modifier à son gré ou la révoquer pleinement, sans qu'il soit besoin, comme c'était le cas pour les chartes précédentes, de quelque faute grave de la Compagnie pour justifier cette mesure. Un dernier point prouve le désir du Gouvernement d'assurer l'honorabilité de la direction : en vertu de l'article XXIX, le duc d'Abercorn, le duc de Fife et M. (plus tard lord) Grey sont nommés directeurs à vie, et ne pourront être privés de leur charge que pour incapacité ou par leur propre renonciation. Ces trois personnes étaient appelées par cet article à représenter officieusement la Couronne au sein de la Cour des Directeurs, et devaient, dans son esprit, empêcher la

Compagnie d'abuser des pouvoirs énormes qui lui étaient accordés.

A part quelques modifications conseillées par l'expérience, la charte de la *British South Africa Company* différait peu, par l'esprit général qui l'animait et par les droits qu'elle accordait, des chartes concédées avant elle. Même pouvoir général d'administration, mêmes réserves, un peu renforcées, quant à l'intervention du Secrétaire d'État; même insistance sur le caractère britannique que devait revêtir l'association, même interdiction de monopole. On comprend d'ailleurs aisément que leurs obligations et leurs droits fussent analogues, sur quelque point du monde qu'elles opérassent, puisque leur mission à toutes était la même : « Agir comme déléguées de l'autorité britannique « dans les territoires soumis à leur juridiction[1]. » Le *Daily Chronicle*, plus cynique, traduisait la même idée par « to pull the chestnuts out of the « fire for John Bull », tirer les marrons du feu pour John Bull.

Caractère propre de la « Chartered »

Si dans son origine et par sa charte constitutive, la *British South Africa Company*, différait peu des autres Compagnies souveraines du xixe siècle, elle

---

[1] *Times*, 1er nov. 1889.

avait pourtant ceci de très particulier : c'est que les territoires sur lesquels elle allait commencer ses opérations, étaient par leur climat et leurs productions, favorables à l'établissement de colons européens. Dans les contrées tropicales, le principal objet d'une Compagnie de ce genre est d'établir un état de choses offrant assez de sécurité pour que le commerce puisse s'étendre et d'habituer au travail les populations indigènes ; car il ne peut y être question de colonisation proprement dite par les Européens. Souvent même, en ce cas, c'est la Compagnie qui entreprend les opérations commerciales. Il n'en était pas ainsi, cette fois. La situation générale du pays permettait l'établissement de la race blanche, et dès les premières années de sa fondation, la Compagnie dut gouverner non seulement des tribus indigènes, mais une véritable population européenne, ce qui rendit sa tâche politique sensiblement plus difficile.

§ III. — L'œuvre de la « Chartered »

Situation des territoires de la « Chartered »

Lorsque la *Chartered* commença ses opérations, vers la fin de 1889, elle se trouvait en présence d'un territoire immense, d'une étendue évaluée à près de 500.000 milles carrés, c'est-à-dire environ celle de la France et de l'Allemagne réunies. Un souverain indigène y régnait en maître absolu. Chef de la tribu des Matabelès, Lo-Bengula avait vaincu et soumis à sa domination toutes les tribus voisines. Ses guerriers matabelès formaient une sorte de caste militaire, vivant de pillages et de razzias. Les autres peuplades, Mashonas, Cafres de toute espèce, Barotsès, étaient des tribus pastorales. La seule richesse du pays était à cette époque les grands troupeaux qui comptaient par milliers de têtes de bétail. La culture était à peu près nulle, et, quant aux richesses minières, l'or notamment, on commençait seulement à s'en préoccuper depuis qu'on avait vu la prospérité insensée des *gold-fields* du Transvaal. La population était entièrement barbare ; peu d'agglomérations importantes, seulement quelques kraals où les indigènes réunissaient leurs troupeaux. De routes, point. Tout était donc à créer par la Compagnie sans autre espoir encourageant que celui, très aléatoire, des mines d'or qui pourraient être découvertes dans ses territoires. Elle pouvait, d'autre part, envisager comme une certitude l'hostilité des Matabelès dont elle allait occuper le pays, et elle n'était nullement garantie contre un nouveau « trek », ou invasion, des Boërs, qui se sentaient trop resserrés dans les limites du Transvaal et menaçaient de déborder sur une contrée moins envahie par la civilisation.

Capital initial. — Augmentations successives

Pour commencer son œuvre de colonisation, la Compagnie disposait d'un capital de £ 1.000.000, divisé en actions d'*une livre*, dont 250.000 furent aussitôt libérées, 500.000 à concurrence de 3 shillings seulement, et le solde tenu en réserve pour être émis au fur et à mesure des besoins. Ces ressources furent bientôt reconnues insuffisantes, et, depuis 1894, presque chaque année marqua une augmentation du capital. Il fut d'abord porté à 2.000.000 ; puis, au meeting tenu le 12 juillet 1895, on adopta la proposition d'une nouvelle émission de 500.000 actions. Au meeting de novembre 1896, augmentation de 1.000.000 ; et enfin, à celui d'avril 1898, par la création de 1.900.000 actions nouvelles, fixation du capital à £ 5.000.000. Ces émissions d'actions, bien que la situation financière actuelle de la Compagnie soit fort précaire, ont été faites avec des primes très élevées, s'élevant, pour l'émission de 1895, à deux livres et demie par action et à une livre pour les émissions suivantes, c'est-à-dire des primes de 62 fr. 50 et de 25 francs par action de 25 francs.

Le prix minime des actions a permis néanmoins à une foule de personnes de prendre une part d'intérêt dans les affaires de la Compagnie, qui est devenue de la sorte une œuvre doublement nationale. Au meeting du mois d'avril 1898, avant la nouvelle émission, on évaluait le nombre des actionnaires à plus de 40.000.

Il a souvent été affirmé que la *Chartered*, en dépit des déclarations d'ardent attachement à la cause de la civilisation et à celle de la grandeur de l'empire britannique, si souvent réitérées par ses fondateurs, n'était en réalité qu'une œuvre de spéculation. Laissant de côté pour le moment la réponse à cette critique, il serait intéressant de se demander simplement, et c'est le raisonnement que tiendraient neuf Anglais sur dix, si le contrat conclu dans la charte entre le Gouvernement de Sa Majesté et la Compagnie a été ou non productif de résultats avantageux pour les intérêts britanniques, quels qu'aient pu être, d'ailleurs, les mobiles qui ont inspiré les fondateurs de la Compagnie. Pour le savoir, un examen de l'œuvre de celle-ci s'impose : il montrera ce qu'elle a fait de cet immense hinterland de l'Afrique du Sud, qui, il y a dix ans à peine, n'était pour l'Angleterre qu'une sphère d'influence mal définie et d'un rapport colonial absolument nul.

Premiers actes

La charte était à peine signée que la Compagnie s'occupait de faciliter l'accès de ses possessions en prolongeant le railway qui s'arrêtait alors à Kimberley jusqu'à Mafeking, à la frontière de ses territoires. Les terrassements étaient commencés le 2 novembre 1889, et, le 3 décembre de l'année suivante, la première section de la ligne, de Kimberley à Vryburg, c'est-à-dire près de 200 kilomètres, était livrée à l'exploitation. Simultanément une ligne télégraphique était construite avec l'aide des indigènes, et atteignait en peu de temps Mafeking. Commencer par construire un railway et une ligne télégraphique, c'est un des principes fondamentaux de la colonisation anglaise contemporaine, et la Compagnie l'observa.

La « Selous Road »

Cependant il fallait préparer l'occupation du territoire. Au lieu d'envoyer d'abord des fonctionnaires et des troupes, la *Chartered* chargea les colons eux-mêmes de la prise de possession effective du pays. Le système qu'elle employa ne laissa pas d'être original. Elle passa un contrat avec MM. Selous et Johnson, deux anciens « Africains », au courant des coutumes des indigènes et connaissant le pays pour l'avoir parcouru eux-mêmes, contrat par lequel ils s'engageaient à équiper une expédition comprenant deux cents Européens et cent cinquante ouvriers indigènes, et à la conduire jusqu'à Mont-Hampden, au centre du Mashonaland. Cette expédition devait, en cours de route, construire une voie carrossable, protégée de distance en distance par des forts. Une fois arrivés à destination, les pionniers seraient débandés et recevraient une concession de mine d'or et environ 1.200 hectares de terres. L'expédition fut préparée avec soin, pendant plusieurs semaines, dans un camp d'instruction situé sur la rivière Macloutsie, à la frontière des nouveaux territoires. Le 28 juin 1890, elle se mettait en marche, commandée par le colonel Pennefather, escortée de cinq cents hommes de la police montée, que la Compagnie venait de créer. Tous les pionniers étaient eux-mêmes disciplinés militairement, bien armés, et la colonne emmenait avec elle plusieurs canons Maxim. Chaque soir, on construisait un véritable camp retranché, brillamment illuminé par de puissants appareils électriques, qui éclairaient les environs, afin d'éviter toute surprise. Ce n'était d'ailleurs pas trop de précautions, car les Matabelès, indignés de cette invasion armée de leur territoire, faisaient un vif reproche à Lo-Bengula de la concession qu'il avait accordée aux Européens, et celui-ci avait les plus grandes peines du monde à les empêcher d'attaquer l'expédition. Un conflit ne fut évité que grâce à l'habileté des Anglais. Ceux-ci évitèrent soigneusement tout contact avec les Matabelès, en tournant leurs territoires et en pénétrant directement dans ceux des Mashonas.

Tout en avançant, la colonne traçait une route carrossable, construisait des ponts ou améliorait des gués, et établissait des forts à Tuli, à Victoria, à Fort-Charter et à Salisbury, laissant dans chacun d'eux un détachement de police. Le 30 septembre, l'expédition atteignait Hampden-Hill et était aussitôt débandée. En ces trois mois, elle avait construit jusqu'au nord du Mashonaland une route de 650 kilomètres de longueur, ouvrant à la colonisation anglaise l'accès des nouveaux territoires, et ce tour de force avait été accompli sans qu'un coup de fusil eût été échangé avec les indigènes, sans qu'il en eût coûté un *penny* aux contribuables anglais. La presse combla les chefs de l'expédition des éloges les plus dithyrambiques, et l'on n'oublia pas de comparer cette marche à la retraite des Dix Mille. En fait, tout en rendant hommage à l'habileté et à la hardiesse de ceux qui la dirigèrent, on peut reconnaître qu'ils n'ont fait qu'imiter la tactique traditionnellement sui-

vie par les premiers pionniers de l'Afrique du Sud, les Boërs, dans leurs « treks » vers l'intérieur du pays. Cette façon de procéder pourrait être citée comme exemple à plusieurs peuples colonisateurs. Un écrivain français faisait les remarques suivantes, qui ne sont pas seulement vraies pour la France : « Chez nous, on commence
« par envoyer des soldats dans les territoires dont
« nous voulons nous emparer. Quand ils ont bra-
« vement fait ce qu'on leur a demandé, les fonc-
« tionnaires accourent. Il vient des résidents, des
« secrétaires généraux, des vice-résidents, des
« administrateurs, des attachés, des rédacteurs,
« des expéditionnaires, des percepteurs ; enfin on
« fait appel aux colons... En Mashonaland, on a
« fait faire la conquête elle-même par les colons.
« Pour occuper ses territoires, la *Chartered* pro-
« céda avec la prudence d'une Société qui expose,
« non l'argent du bon contribuable, mais celui
« du hargneux actionnaire[1]. » La Compagnie eut aussi l'intelligence de faire un choix rigoureux parmi ses colons. Aucun indigent ne fut admis dans l'expédition. C'étaient presque tous des hommes jeunes, disposant d'un petit capital, sans passé déshonorant, ayant en un mot les qualités requises pour faire de véritables colons, état pour lequel

---

[1] Mermeix, *Le Transvaal et la Chartered*, p. 305.

il ne suffit pas, comme on le croit trop souvent, de n'être plus bon à rien autre chose. Cette grande voie de communication ouverte à travers ses territoires coûta à la Compagnie, tous les frais de l'expédition compris, à peu près 2 millions et demi de francs. L'entreprise est restée connue sous le nom de *Selous Road*, ainsi appelée en l'honneur de son principal organisateur.

Occupation du pays

Durant les deux premières années de sa fondation, la Compagnie compléta son œuvre d'occupation du pays. La ligne télégraphique fut terminée jusqu'à Victoria, et les levés de plans pour le railway d'Umtali à Beïra, sur la côte orientale, furent commencés. En même temps des concessions nouvelles élargissaient sa sphère d'action. Elle traitait avec Gungunhana, chef du Gazaland, sur ses frontières orientales, et avec Lewanika, chef des Barotsé, au nord du Zambèze, dans des termes analogues à ceux de l'arrangement conclu avec Lo-Benluga, et fondait un poste, Fort-Abercorn, à l'extrémité du Tanganika. Une opération non moins importante fut la reprise des droits de l'*Afrikan Lakes Company*, qui avait établi le siège de ses opérations entre les lacs Moëro, Tanganika et Nyassa. Cette Société, fondée en 1878, pour protéger les missions protestantes dans l'Afrique centrale et y exercer en même temps le commerce, avait épuisé presque tout son capital dans sa lutte contre les esclavagistes.

En vertu d'un arrangement conclu avec la *Chartered*, celle-ci reprit tous les droits de l'*Afrikan Lakes Company*, et les actionnaires de celle-ci échangèrent leurs actions contre des titres de la *Chartered*.

Durant ces deux premières années, la Compagnie prit soin de se tenir le plus possible à l'écart des territoires des Matabelès, dont elle n'ignorait pas l'hostilité. Elle s'était surtout occupée d'organiser l'administration du Mashonaland, où la population blanche comptait déjà 3.000 habitants, d'autant plus difficiles à surveiller qu'ils étaient éparpillés dans tous les coins du territoire, à la recherche de mines d'or. M. Colquhoun, le premier administrateur désigné par la Compagnie, fit construire de nouvelles routes, eut à examiner les nombreuses demandes de concessions minières, à nommer des commissaires miniers, et à prendre en général toutes les mesures nécessaires pour l'organisation du pays. Les postes de Salisbury-Victoria et Umtali furent érigés en villes et reçurent un embryon d'administration municipale par l'érection d'un *Sanitary Board*, composé de six membres, dont trois à la nomination de la Compagnie, trois à celle des habitants jouissant d'un certain revenu foncier, et présidés par le juge du district. Les ressources du fonds communal devaient être : la moitié de l'impôt foncier et quelques taxes locales.

Les Mines d'or

Toutes les espérances de la Compagnie reposaient alors sur les gisements aurifères que l'on savait exister dans le Mashonaland, mais dont on ignorait la valeur. Quelques ruines qui avaient été retrouvées attestaient une civilisation assez avancée chez les peuples qui, plusieurs siècles auparavant, avaient résidé dans le pays ; des traces de fouilles faites à cette époque pour trouver le précieux minerai avaient été relevées, et beaucoup de personnes plaçaient sans hésitation dans le Mashonaland l'emplacement des mines d'or fabuleuses du roi Salomon. Ces espérances n'ont été qu'imparfaitement réalisées jusqu'ici. Les *reefs*, ou massifs rocheux renfermant le quartz aurifère, ne présentent pas au Mashonaland des filons d'une couche et d'une teneur aussi régulières que ceux du Transvaal. En outre, le minerai est moins riche, sa préparation nécessite des pilons d'une grande puissance, et les tarifs élevés des transports augmentent dans une forte proportion les frais d'exploitation. Le récent achèvement du chemin de fer jusqu'à Buluwayo va modifier peut-être cette situation. Elle n'a du reste pas empêché la Compagnie, malgré une campagne assez vive et les opinions défavorables exprimées par des hommes influents, tels que lord Randolph Churchill qui parcourut tout le pays, de trouver aisément preneurs pour ses concessions minières. Au commencement de 1896, on comptait déjà plus de 200 Sociétés fondées pour l'exploitation des mines d'or, représentant un capital de 800.000 francs, et ayant jalonné plus de 60.000 *claims*. Un *claim* comprend généralement une surface de terrain de 40 mètres de longueur, dans le sens du filon, sur 133 de large. Au commencement de 1898, le nombre des *claims* concédés se montait à 156.235. Il s'en faut de beaucoup cependant que le nombre des *claims* où les travaux d'extraction ont commencé corresponde à celui des *claims* concédés, et la plupart des Sociétés en sont encore aujourd'hui à la période des recherches. Mais il n'en est pas moins vrai, comme le démontrent ces chiffres, que l'or a exercé une très grande attraction sur les colons, et que la Compagnie lui doit la plus grande part du développement rapide de ses territoires, grâce à la nombreuse population européenne qu'il y a amenée.

Prospérité générale en 1892

Le rapide développement des territoires de la Compagnie pendant les deux premières années de sa fondation se poursuivit encore plus activement durant l'année 1892, après que le Dr Jameson eut remplacé M. Colquhoun comme administrateur. La contrée prend dès lors un aspect nouveau, et on peut désormais l'appeler du nom qui ne lui fut officiellement donné que quelques années plus tard, la *Rhodesia*. Nigeria, Ibea, Rhodesia, trois nouveaux pays qui ont apparu tout à coup sur la carte d'Afrique, depuis moins de quinze ans, tous trois nouvelles provinces de l'empire britannique, tous trois créés à force d'énergie et d'activité par des Compagnies privées, sans intervention pécuniaire de la métropole.

Le Dr Jameson acquit bientôt parmi les colons une popularité extraordinaire en même temps qu'une autorité qui lui permit d'administrer ce territoire immense avec l'aide de très peu d'agents, tout en développant activement ses ressources. Pour diminuer les dépenses, il transforma complètement l'organisation militaire, réduisant à quarante hommes l'effectif de la police et créant un corps de volontaires dans lequel plus de cinq cents colons s'enrôlèrent. Pour compléter la nouvelle organisation, la Compagnie adopta le *Burgher-System* du Transvaal, qui permet, en cas de nécessité urgente, d'appeler sous les armes tous les hommes aptes au service militaire. Chaque *burgher* fut pourvu d'un fusil et de munitions.

Fondation de villes

Les colons, jusque-là dispersés un peu partout dans le pays, se groupèrent davantage dans les villes, et la Compagnie put procéder à des ventes de *stands*, ou terrains à bâtir, qui furent mis aux enchères publiques, à Salisbury, Umtali et à Victoria, et atteignirent un prix moyen de £ 35, soit 875 francs. Salisbury prit l'aspect d'une petite ville européenne, avec de nombreux bâtiments publics, résidence de l'administrateur, bureau des postes, cour de justice, casernes, etc. Dès la fin de 1891, un journal, le *Mashonaland Herald and Zambezian Times*, y paraissait déjà et, peu après, était remplacé par le *Rhodesia Herald*, plus important.

Routes. — Postes et télégraphes

La Compagnie, qui était entrée dans l'*Union postale*, organisa elle-même son service postal, créa des timbres, établit sur plusieurs points du territoire des bureaux où l'on put transmettre la correspondance et des mandats-poste pour le monde entier par la voie du Cap, le service étant assuré jusqu'à Vryburg par des diligences et de là par le railway. La ligne télégraphique avait été achevée jusqu'à Salisbury, le 17 février. Au bout des six premiers mois, 1.562.112 mots avaient déjà été transmis sur le fil. Le système des routes fut complété sous la direction de M. Selous ; on en traça plusieurs nouvelles pour relier Salisbury, où étaient établis les quartiers généraux de la Compagnie, aux principaux centres d'exploitations minières ou agricoles.

Régime des terres. — Licences

L'agriculture, négligée au début, commençait aussi à se développer, offrant une source de revenus moins brillants, mais plus sûrs que les mines d'or. Une délégation d'agriculteurs du Cap, qui parcourut en 1891 la Mashonaland pour juger de ses ressources à ce point de vue, constata qu'en ne tenant point compte de certaines parties trop insalubres, on pouvait évaluer à 40.000 milles carrés l'étendue de terrain parfaitement convenable à la culture et à l'établissement de colons européens. La Compagnie, pour favoriser les essais de colonisation, adopta un système emprunté, en certaines de ses parties, aux colonies australiennes. Chaque colon peut, d'après ce système, obtenir une ferme de 3.000 *morgen*, ou 6.000 acres au maximum, en se soumettant aux conditions suivantes : 1° Payement annuel par anticipation, de £ 3 par 3.000 acres, et 4 shillings par 200 acres supplémentaires ; 2° Réserve en faveur de la Compagnie de tous les gisements de pierres précieuses, minéraux, huiles minérales, qui pourraient être découverts ; 3° Réserve aussi du droit d'établir des routes, railways, lignes télégraphiques et d'exproprier le fermier, moyennant une indemnité de £ 3 par 200 acres et une compensation pour les améliorations apportées ; 4° L'engagement par le fermier de commencer à exploiter endéans les cinq mois de l'entrée en jouissance. A la fin de 1892, le nombre de concessions de fermes accordées par la Compagnie s'élevait à cinq cents, sans compter les fermes qui avaient été concédées avec privilèges spéciaux aux membres de la première expédition de pionniers. Sur ce nombre, plus de trois cents fermes étaient en exploitation.

Les rapports de l'administrateur contiennent une liste intéressante des « licences », permettant l'exercice de certaines professions, qui furent délivrées en 1892. Sur un chiffre total de 1.591, pour le Mashonaland, 1.245 s'appliquent au droit de prospecter les mines, et 346 aux autres commerces et professions : hôteliers, 50 ; magasins généraux, 77 ; commissaires-priseurs, 10 ; docteurs en médecine et pharmaciens, 7 ; boulangers, 11 ; bouchers, 5 ; liquoristes, 12 ; etc. Ces chiffres montrent encore une fois la prépondérance de l'industrie minière dans le développement du pays. Pendant cette même année, la population s'accrut de 1.121 immigrants.

Pendant que le Mashonaland prospérait ainsi, le Matabeleland restait sous la domination effective de Lo-Bengula et ne progressait guère. Quant aux territoires situés au nord du Zambèze, la Compagnie s'était provisoirement déchargée de leur administration en les confiant au commissaire impérial du Protectorat du Nyassaland, M. Johnson, moyennant un subside annuel de £ 10.000.

Le développement si rapide de la Rhodesia pendant les trois premières années de son existence subit un ralentissement durant les années qui suivirent. Deux événements vinrent successivement lui faire obstacle. Ce furent : la guerre contre les Matabelès qui éclata en 1893, et surtout la défaite du Dr Jameson dans sa tentative contre le Transvaal, en 1896, et les révoltes des Matabelès et des Mashonas qui en furent la conséquence plus ou moins directe. La *Rinderpest*, épizootie qui se déclara également en 1896 dans le bétail, vint encore ajouter aux graves difficultés suscitées par les derniers troubles, en arrêtant presque totalement les transports.

Guerre des Matabelès

Malgré les efforts tentés depuis le commencement de l'occupation, pour éviter tout contact avec les Matabelès, il était à prévoir depuis longtemps qu'à la moindre occasion ils se soulèveraient en masse contre la Compagnie qui avait arrêté leurs incursions et leurs pillages dans les territoires des Mashonas. Des colons isolés avaient déjà, à plusieurs reprises, été attaqués par eux, et, comme on n'avait pas réprimé énergiquement ces violences, pour éviter le plus longtemps possible un conflit, leur audace s'en était accrue. Ils attaquèrent des tribus voisines, soumises à la Compagnie, et qui implorèrent son appui. Pour conserver son prestige aux yeux des indigènes, celle-ci devait intervenir, et cette nécessité devenait pour elle d'autant plus impérieuse que les Matabelès commandaient la seule voie de communication directe entre Salisbury et le Cap, ce qui constituait un danger permanent. Le 18 juillet 1893, un parti de trois cents guerriers, après avoir dévasté plusieurs kraals des Mashonas et massacré les habitants, pénétra dans la ville de Victoria et réclama comme esclaves des indigènes qui y travaillaient au service de la Compagnie. On refusa de les leur livrer, et la police montée les expulsa de la ville. Le Dr Jameson essaya de rétablir les affaires en négociant avec Lo-Bengula; mais, celui-ci ayant approuvé l'agression commise par ses sujets, l'administration prépara aussitôt la campagne. Tous les chevaux disponibles au Transvaal furent achetés, et les volontaires de la Rhodesia mobilisés. M. Cecil Rhodes mit £ 50.000 de sa fortune personnelle à la disposition de la Compagnie, et informa le gouverneur de la colonie du Cap que la Compagnie n'avait besoin d'aucun secours et se chargerait seule de soumettre les Matabelès. Ce n'est pas ici le lieu de retracer toutes les péripéties de la lutte qui s'engagea entre la petite troupe de volontaires de la *Chartered* et les forces dix fois plus nombreuses de Lo-Bengula, et qui se termina, à la fin de l'année, par la défaite complète et par la mort du roi matabelè. La Compagnie perdit une centaine d'hommes dans les engagements et dépensa environ £ 110.000, soit 2.750.000 francs, pour les frais de la campagne. Ce qu'il importe plutôt de rechercher, c'est si la guerre contre les Matabelès a été justifiée par les attaques incessantes de ceux-ci, ou si la Compagnie n'y a point trouvé un simple prétexte pour s'emparer des territoires et des troupeaux de Lo-Bengula. On ne peut pas espérer de la part d'une Compagnie commerciale, dit-on, le même souci de légalité et le même respect du droit des gens que de la part d'un État véritable soumis à de graves responsabilités morales vis-à-vis de l'opinion. Cependant on aurait quelque peine à prouver que ces responsabilités morales, qui incombent du reste aussi à une Compagnie souveraine, aient *toujours* suffi à empêcher les nations européennes d'entreprendre des guerres injustes contre les indigènes du continent africain ou d'ailleurs. Quoi qu'il en soit, il ne semble pas que l'on puisse faire à la *Chartered* un grief sérieux de s'être engagée dans la guerre des Matabelès en se laissant guider par la cupidité. En sa qualité même de société commerciale, elle ne se fût pas aventurée dans une guerre dont l'issue était fort douteuse, qui nécessitait une dépense énorme de capital, et qui surtout allait suspendre pour plusieurs mois le cours de toutes ses affaires, sans y être véritablement contrainte. Au surplus, une enquête officielle menée par le Gouvernement se termina par une lettre adressée à la Compagnie par le marquis de Ripon, secrétaire d'État aux Colonies, dans laquelle celui-ci exprimait toute sa satisfaction au sujet de la façon dont la guerre avait été conduite, et vengeait les directeurs des accusations qui avaient été dirigées contre eux. C'est assurément une résolution fort grave que d'accorder à une association privée le droit d'administrer souverainement une population indigène ; mais, s'il en résulte des conflits entre elle et cette population, on ne peut pas *a priori* lui en imputer la faute, pas plus qu'on ne peut le faire pour les nations coloniales qui ont des difficultés avec leurs sujets indigènes.

Après la mort de Lo-Bengula, la *Chartered* occupa aussitôt le Matabeleland et y établit ses quartiers généraux à Buluwayo, l'ancien kraal du roi nègre. Son champ d'action s'étant trouvé considérablement agrandi par l'adjonction de ces nouveaux territoires, le Gouvernement impérial lui signala la nécessité de réformer son administration jusque-là trop sommaire.

Réformes administratives. — Matabeleland Order in Council, 18 juillet 1894

Des négociations s'engagèrent ; elles aboutirent à la publication d'un *Matabeleland Order in Council*, par lequel l'administration de la Rhodesia est réorganisée sur de nouvelles bases. En vertu de cet *Order*, le principal fonctionnaire reste toujours l'administrateur, nommé par la Compagnie avec l'approbation du Secrétaire d'État, et révocable par celui-ci ou par elle-même, mais sous réserve de la même approbation. Une des principales innovations consistait dans la création d'un conseil de quatre membres, que l'administrateur devait réunir et dont il devait prendre l'avis en toutes circonstances importantes. Les membres de ce Conseil étaient nommés par la Compagnie, avec l'approbation du Secrétaire d'État, sauf pour le juge qui en faisait partie *ex officio*. L'administrateur pouvait agir contrairement aux avis du Conseil, mais en notifiant aussitôt sa décision à la Cour des Directeurs. L'acte permettait à l'administrateur, assisté de son Conseil, de faire des règlements, révocables durant un an par la Compagnie ou par le Secrétaire d'État. Il réservait à la Compagnie elle-même le droit de fixer, par une ordonnance approuvée par le Secrétaire d'État, les taxes locales, autorisées à due concurrence des dépenses municipales et diverses impositions générales, telles que la taxe sur les huttes des indigènes et certains droits de douane, autorisées en vue de couvrir les frais généraux d'administration des territoires.

Organisation judiciaire

Après l'organisation administrative, l'acte réglait l'organisation judiciaire et portait qu'une haute cour de justice serait instituée, avec pleine juridiction en toutes matières et sur toutes personnes.

Les lois ou ordonnances de la Compagnie y seraient appliquées, sauf à recourir pour les matières non prévues à la législation en vigueur dans la colonie du Cap. Dans les affaires intéressant les indigènes, il était formellement recommandé au juge d'observer les coutumes locales, et de se faire assister par deux assesseurs de la nationalité des parties, pour s'éclairer sur ces coutumes. Dans chaque district était érigé un tribunal inférieur présidé par le « magistrate » du lieu.

Land Commission

Enfin le *Matabeleland Order* instituait une *Land Commission* chargée de régler toutes les questions relatives aux terres appartenant aux indigènes, et spécialement de protéger ceux-ci contre les expropriations arbitraires et de leur réserver des territoires propres à l'agriculture et à l'élève du bétail. Cette Commission était composée du juge de la haute Cour et de deux membres nommés l'un par la Compagnie et l'autre par le Secrétaire d'État.

Reprise des affaires

Après le brusque arrêt que lui fit subir la guerre des Matabelès, le mouvement général des affaires reprit insensiblement en Rhodesia. Pendant les deux années qui suivirent, 1894 et 1895, la Compagnie poursuivit son œuvre de développement du pays. Le railway de Kimberley à Vryburg fut continué jusqu'à Mafeking, tandis que, d'autre part, le railway de Beïra, sur la côte orientale d'Afrique, à Salisbury, capitale de la Rhodesia, atteignit Chimoïo, situé à environ 50 milles de la frontière de celle-ci, et à moitié à peu près du trajet total.

La Rhodesia

Une proclamation du 3 mai 1895 consacra officiellement le nom de *Rhodesia*, usité depuis longtemps dans le langage courant pour désigner les territoires de la Compagnie. Le pays fut divisé en trois provinces : Mashonaland, Matabeleland et Northern-Zambezia, subdivisées en districts. On a vu plus haut le régime adopté par les concessions de terre au Mashonaland ; il fut étendu au Matabeleland, ainsi que le système de vente aux enchères des *stands*, dans les villes nouvelles de

Buluwayo et de Gwelo. Ce système donna des résultats surprenants : on vendit à Buluwayo, qui venait à peine d'être fondée, 539 stands ou terrains à bâtir, qui produisirent £ 153.312, soit une moyenne de £ 284 ou 7.100 francs par stand. A Salisbury, ville plus ancienne et capitale du pays, la vente de 450 stands rapporta seulement £ 32.025, chiffre en soi satisfaisant, mais néanmoins très bas, si on le compare à ceux obtenus à Buluwayo.

Le nombre des licences délivrées durant cette période fut de 375 valables pour une année, et environ 1.750 valables pour six mois, ayant rapporté au-delà de £ 10.000. Ces chiffres ne comprennent que les licences pour l'exercice du commerce et de certaines professions; ces dernières y figurent respectivement dans une proportion à peu près identique à celle indiquée dans la statistique des années antérieures.

Indépendamment du réseau télégraphique de la Rhodesia, qui fut complété par la construction de 500 milles de nouvelles lignes, il faut signaler les travaux de l'*African Trans-Continental Telegraph Company*. Cette Société avait été fondée, sous l'inspiration de M. Rhodes, pour établir une ligne télégraphique entre Salisbury et le Caire en passant par le lac Nyassa, le lac Tanganika et l'Uganda. Les premiers travaux de cette énorme entreprise, commencés au début de l'année 1893, furent continués sur plusieurs points à la fois, et 313 milles de lignes furent construits.

En résumé, la situation de la Rhodesia à la fin de 1895 était vraiment prospère. A cette époque, « tout paraissait couleur de rose, écrit M. Selous. « Les propriétés, fermes, terrains à bâtir dans « les villes calmes, acquéraient chaque jour une « valeur plus élevée, et tout le monde croyait « qu'avant un an Buluwayo aurait 5.000 habitants, « serait éclairée à la lumière électrique, et dotée « d'une abondante distribution d'eau. L'avenir « apparaissait plein d'espérance. Quelle circons- « tance pouvait arrêter la prospérité croissante du « pays[1] ? »

Jameson Raid

Cet événement inattendu, ce fut l'entrée du Dr Jameson sur le territoire du Transvaal et les graves conséquences que cet acte entraîna. Le souvenir en est présent à toutes les mémoires : les immigrants de race blanche, attirés en grand nombre dans la république « boer » du Transvaal par la découverte des mines d'or, y avaient bientôt formé une population beaucoup plus nombreuse que celle des Boërs eux-mêmes. Ceux-

---

[1] SELOUS, *Sunshine and Storm in Rhodesia*, p. 5.

ci cependant, maîtres du pays, refusaient obstinément d'accorder aucun droit politique à ces nouveaux venus d'origine étrangère, qu'ils nommaient les *uitlanders*, et en même temps les écrasaient par des tarifs de transport, des contributions et des monopoles exorbitants. Fatigués de leur insuccès dans leurs représentations par la voie légale, les *uitlanders* résolurent de recourir à la force : une sorte de Comité révolutionnaire s'occupa de réunir les capitaux nécessaires pour soutenir la révolte et entra en rapports avec M. Rhodes. Celui-ci nourrissait un rêve bien connu : la fédération de tous les pays de l'Afrique du Sud sous le drapeau britannique ; il ne pouvait que se réjouir de voir une révolte, à tendances anglophiles, éclater au Transvaal. Au surplus, il était personnellement en relations d'amitié et d'affaires avec les principaux chefs du mouvement. Il ne fut guère difficile de l'amener à soutenir celui-ci par son argent et son influence. M. Rhodes s'était si bien identifié avec son œuvre, la *Chartered*, qu'il en était certainement arrivé à confondre quelque peu les intérêts de celle-ci avec les siens propres. Il avait acquis une autorité presque absolue sur l'administration de la Compagnie, ses co-directeurs ayant fini par lui laisser toute liberté de la diriger selon ses vues personnelles. Résidant sur les lieux, il avait d'autant plus de facilité de s'affranchir du contrôle d'une Cour des Directeurs, siégeant à Londres, à plusieurs milliers de lieues de distance. Lorsqu'il se fut résolu à soutenir le mouvement insurrectionnel de Johannesburg, il escompta l'aide de deux puissantes organisations qui dépendaient de lui : la Société *de Beers* des mines de Kimberley, qui fournirait des capitaux, et la *Chartered*, qui fournirait un contingent armé. Il donna l'ordre au Dr Jameson de se porter à la frontière du Transvaal avec toutes les forces dont il pouvait disposer, et de se tenir prêt à marcher sur Johannesburg au premier signal. On sait le reste, comment le Dr Jameson n'attendit même pas ce signal pour envahir le Transvaal, et comment il fut vaincu et fait prisonnier avec toute sa troupe par les Boërs. Cette agression d'un pays ami par les forces de la *Chartered* n'était en aucune façon justifiable, et l'on comprend aisément l'unanime réprobation qu'elle a soulevée en Europe. Au point de vue particulier de cette étude, il convient cependant d'établir une distinction qui n'a généralement pas été saisie. C'est que le *Jameson Raid*, s'il a mis en cause la responsabilité personnelle de ses promoteurs, et surtout celle de M. Cecil Rhodes, n'a pas engagé directement celle de la Compagnie elle-même. On peut accuser celle-ci de n'avoir pas contrôlé d'assez près les actes de son principal représentant en Afrique ; mais on doit reconnaître aujourd'hui — les enquêtes parlementaires faites en Angleterre et à la colonie du Cap l'ont amplement démontré — que la direction de Londres fut toujours tenue dans l'ignorance du complot qui se préparait. Il est d'ailleurs évident que, si elle l'eût connu, le plus élémentaire souci des intérêts financiers de la Compagnie lui eût interdit d'intervenir dans une entreprise de ce genre. Il faut voir en tout ceci le résultat de l'influence trop prépondérante qu'avait su prendre M. Rhodes, et son désir de rendre service à des amis en même temps que de réaliser un point de son programme de politique impériale. Quant à Jameson, il fut surtout l'instrument de M. Rhodes, dont il était la créature.

Révoltes des Matabelès et des Mashonas

La déplorable équipée du Dr Jameson causa à la *Chartered*, tant au point de vue matériel qu'au point de vue de son prestige moral en Europe et en Afrique, un tort considérable. L'effet ne s'en fit pas longtemps attendre. Les Matabelès, qui n'avaient été qu'imparfaitement soumis en 1893, profitèrent de l'absence des troupes de police qui toutes avaient été mobilisées sur la frontière du Transvaal, pour se révolter. La *rinderpest*, ou peste bovine, qui venait d'éclater, avait obligé la Compagnie à prendre des mesures énergiques pour arrêter le fléau, et toute bête atteinte était aussitôt abattue. Les Matabelès, dont la principale richesse consistait en troupeaux, ne comprirent pas les raisons de ces mesures rigoureuses. Quelques exactions commises par la police indigène de la Compagnie furent le signal de la révolte. Elle éclata en mars 1896. La Compagnie fit aussitôt appel à tous les hommes valides de la Rhodesia, et des petits corps de volontaires s'organisèrent de tous côtés. Ce fut, pendant plusieurs mois, une lutte acharnée, pied à pied, qui se termina par la soumission définitive des rebelles, due surtout à la conduite véritablement héroïque de M. Rhodes. Comprenant que la crainte des représailles empêchait seule les révoltés de se rendre, il résolut, afin de leur inspirer confiance, de se rendre sans escorte au milieu d'eux pour traiter de la paix. Il exécuta ce hardi dessein, partit, accompagné de quatre personnes seulement, à travers les collines où étaient massés plusieurs milliers de Matabelès, arriva jusqu'à leurs chefs, et en imposa tant à ceux-ci par ce sang-froid et cette confiance extraordinaires qu'ils acceptèrent de négocier. Tandis que les pourparlers étaient entamés, les Mashonas, qui jusqu'alors avaient été fidèles, se soulevaient à leur tour au mois de juin. La Compagnie, épuisée par les efforts qu'elle avait faits dans sa lutte contre les Matabelès, dut faire appel au Gouvernement impérial, qui envoya un petit contingent de troupes anglaises à son aide. La lutte ne fut pas moins vive que celle contre les Matabelès, et ne prit fin d'une façon définitive qu'au commencement de 1897. Avec sa série de graves événements : le *Jameson Raid*, la révolte des Matabelès, celle des Mashonas, la *rinderpest*, qui fit périr presque tous les animaux de trait nécessaires aux transports, l'année 1896 marquera comme la plus néfaste dans l'histoire de la Rhodesia, et on s'étonne que la Compagnie ait pu résister à une telle avalanche de calamités. Elle employa les années suivantes à refaire patiemment et silencieusement son œuvre. Il ne fut pas publié de rapports généraux en 1896 et en 1897; mais, le 21 avril 1898, les directeurs convoquèrent de nouveau les actionnaires à une réunion plénière, afin de leur exposer la situation présente de la Rhodesia et ce qui avait été accompli depuis les derniers troubles.

Assemblée générale de la Compagnie, 21 avril 1898

Cette assemblée eut lieu dans le hall immense de *Cannon-Street Hotel*, à Londres. Elle était annoncée pour midi, et, dès neuf heures du matin, une foule de plusieurs milliers d'actionnaires entourait déjà l'hôtel pour s'assurer d'une place.

Dix minutes après qu'on eut ouvert les portes, il n'eût plus été possible de trouver dans le hall un espace libre d'un pied carré. Les privilégiés qui avaient réussi à pénétrer et les mécontents obligés de rester au dehors étaient également excités et tumultueux. La grande majorité des assistants, à en juger d'après les conversations, étaient, à n'en pas douter, aussi impatients d'entendre le discours annoncé de M. Rhodes que de connaître les résultats financiers de l'exercice écoulé. Le spectacle de cette assemblée nous a fait bien comprendre le caractère mixte de ces grandes Compagnies à charte, qui sont, en même temps que des entreprises commerciales, de vraies œuvres nationales. Les assistants y apportent toute l'animation et l'enthousiasme d'un meeting politique, et les orateurs eux-mêmes mêlent à leurs rapports des considérations patriotiques qui sembleraient devoir toucher assez peu un public ordinaire d'actionnaires. Un étranger croirait plutôt assister à une réunion populaire où serait discutée la politique d'extension impériale qu'à l'assemblée d'une société commerciale, ayant pour objet d'approuver le rapport d'un Conseil d'administration et d'augmenter le capital social. Les rapports distribués à la séance du 21 avril 1898 rassurèrent les actionnaires, rendus inquiets par le silence des administrateurs depuis les graves événements de 1896.

En dépit des pertes subies durant cette année malheureuse, qui avait coûté à la Compagnie plus de deux millions et demi de livres sterling en frais de guerre, indemnités et en dépenses diverses occasionnées par la *rinderpest*, la reprise prochaine des affaires apparaissait néanmoins évidente.

Situation de la Rhodesia en 1898

Aujourd'hui la Rhodesia est à peu près remise de la forte secousse qu'elle a éprouvée. L'achèvement du chemin de fer jusqu'à Buluwayo, en novembre 1897, a donné une vive impulsion au développement du pays, en réduisant le prix des transports, qui jusqu'alors avaient lieu par wagons attelés de bœufs. Les mines d'or qui restent toujours la principale source de sa prospérité, grâce aux émigrants et aux capitaux qu'elles attirent, n'ont pourtant pas encore donné de résultats très appréciables. La quantité d'or obtenue jusqu'à présent est minime; mais, avant de porter un jugement définitif à ce sujet, il convient d'attendre que l'exploitation des mines, arrêtée par des circonstances imprévues, soit sérieusement commencée. Cependant la population s'accroît sans cesse, et sans cesse de nouvelles villes sortent de terre. Buluwayo compte plus de 5.000 habitants.

On y trouve trois maisons de banque, une bourse, trois clubs, douze hôtels, quatre journaux, un vaste établissement consacré aux sports athlétiques. Bref, tout en conservant encore un peu l'aspect d'un vaste campement, c'est déjà une ville ; en 1894, ce même emplacement était occupé par le kraal de Lo-Bengula et pas un Européen n'y était établi. Les dernières ventes de terrains témoignent d'une façon indiscutable de la confiance des Rhodesiens dans l'avenir de leur nouvelle patrie. En 1897, les stands, de 1 hectare environ, se sont vendus jusqu'à £294 à Salisbury, £333 à Umtali, et £345 à Buluwayo. La valeur des bâtiments publics construits jusqu'à ce jour par la *Chartered* s'élève à £140.000. L'étendue du réseau télégraphique est de 1.664 milles, et celui des routes de 835 milles, c'est-à-dire environ 2.677 et 1.334 kilomètres respectivement.

Le prix de la vie est très élevé en Rhodesia, comme dans tout pays nouveau. On peut estimer qu'il est en moyenne trois ou quatre fois supérieur à ce qu'il est en Angleterre ; mais le travail est bien rémunéré. Le salaire des mineurs, charpentiers, briquetiers, maçons, peintres, varie entre une livre et une livre et demie par jour ; et les forgerons et charrons gagnent jusqu'à deux livres et demie.

Les chiffres précédents ne peuvent, il est vrai, donner que des indications assez générales, mais il faut en chercher la raison dans l'absence de statistiques sérieuses relatives à la Rhodesia. Les rapports des fonctionnaires, dont tous les soins ont été absorbés par les graves difficultés qu'ils ont rencontrées pendant ces dernières années, ne contiennent eux-mêmes que des données très sommaires et insuffisantes pour dresser des tableaux d'ensemble.

Politique suivie envers les indigènes

Il est un point sur lequel les détracteurs de la *Chartered* ont beaucoup insisté : c'est la politique suivie par elle envers les indigènes, et qui aurait provoqué les graves rebellions de 1893 et 1896. Il serait superflu de faire observer tout d'abord qu'il n'est pas une seule colonie anglaise où des révoltes indigènes n'aient dû être réprimées au début de l'occupation, et que la Rhodesia, qui vit sous le régime d'une Compagnie à charte, n'est nullement une exception à ce point de vue. Mais il ne semble pas non plus que l'on ait sujet de lui reprocher une conduite particulièrement odieuse envers les indigènes. L'enquête, déjà citée, dirigée en 1893 par le *Colonial-Office*, dont il n'y a aucun motif de suspecter l'impartialité, puisque les accusations portées contre la Compagnie sont en somme des panégyriques indirects de sa propre action qu'on voudrait substituer à la leur, a abouti à une entière justification de la Compagnie. Celle-ci ne peut pas non plus porter toute la responsabilité des soulèvements de 1896. Les circonstances dans lesquelles ils ont éclaté suffiraient seules à les expliquer. Des témoins dignes de foi sont, au surplus, nettement favorables à la Compagnie. Dans l'enquête parlementaire sur le *Jameson Raid*, un témoin fut interrogé incidemment sur la façon dont la Compagnie traitait les indigènes. Ce témoin était M. Venter, membre du Parlement du Cap, appartenant au parti hollandais, peu favorable en général à la *Chartered*, et qui venait d'accomplir un long voyage en Rhodesia. Il répondit qu'il n'avait entendu aucune plainte formulée à cet égard contre les agents de la Compagnie et qu'il avait plutôt trouvé qu'ils manquaient de sévérité envers les natifs [1]. Dans un mémorandum rédigé sur ce sujet, en décembre 1897, le R. P. Daignault, supérieur des Missions catholiques, déclare n'avoir eu connaissance d'aucune injustice grave commise par les agents européens, dont il loue hautement la douceur et la prudence; mais il reconnaît la réalité de quelques exactions commises par la police indigène. Les conclusions des rapports du R. Pelly et du R. J. Shimmin, chefs des missions protes-

---

[1] *Report from Select Committee on British South Africa.* Questions 2195 et 2237.

tantes, sont analogues aux conclusions du R. P. Daignault[1].

Modifications à la charte
proposées par M. Chamberlain, 24 février 1898

Au moment où ces lignes sont écrites, la *Chartered* est à la veille de subir des modifications profondes, provoquées par le grave abus de pouvoir commis par le Dr Jameson, et rendues plus nécessaires encore par l'accroissement de la population blanche qui vit aujourd'hui sous sa loi. M. Chamberlain a publié, dans le *Blue Book* du 24 février 1898, une liste des réformes dont l'application lui paraît urgente dans l'administration de la Compagnie; il veut encore les discuter avec sir Alfred Milner, HautC-ommissaire pour l'Afrique du Sud, avant de les soumettre au *Privy Council*, ou Conseil privé, qui devra se prononcer sur leur opportunité. Ses propositions peuvent être ramenées aux points suivants :

I. — Le Conseil de l'Administrateur en Rhodesia comprendra quatre membres élus par les habitants, en outre des membres nommés par la Compagnie; l'Administrateur, assisté de ce Conseil local, ainsi que le Haut-Commissaire, au moyen de *Proclamations*, publiées par lui, auront seuls le droit de faire des règlements relatifs à l'admi-

[1] *Ibid. Annexes.*

nistration du territoire de la Rhodesia, à l'exclusion de la Cour des Directeurs, siégeant à Londres.

II. — Le Gouvernement impérial placera auprès de l'Administrateur un *Commissaire*, sans aucun droit d'intervention dans l'administration, mais avec pleine autorité de surveiller celle-ci et d'exiger toutes les informations nécessaires pour tenir le Secrétaire d'État au courant de la situation. Déjà, à la suite du *Jameson Raid*, les troupes de la *Chartered* avaient été placées sous le commandement d'un officier nommé par le Gouvernement anglais.

III. — Une plus grande autonomie municipale sera accordée aux agglomérations importantes.

IV. — L'Administrateur élaborera, de concert avec le Haut-Commissaire anglais pour l'Afrique du Sud et avec le Secrétaire d'État, une nouvelle série de règlements relatifs aux droits des indigènes.

V. — La constitution d'un Conseil de Contrôle semblable à celui qui avait fonctionné du temps de la Compagnie des Indes ne paraît pas devoir donner des résultats satisfaisants dans le cas de la *British South Africa Company*.

Le Gouvernement se bornera provisoirement à exiger la communication au Secrétaire d'État de toutes les décisions prises par la Cour des Directeurs concernant l'administration de la Compagnie. Le Secrétaire d'État aura un droit de veto et de suspension en ce qui concerne ces décisions. Il pourra également demander à connaître tous les rapports et correspondances échangés entre la direction de Londres et l'administration d'Afrique et révoquer tout directeur et agent qui se refuserait à lui fournir les informations demandées.

VI. — La clause XXIX de la charte, nommant des directeurs à vie, sera supprimée.

Ces modifications proposées par M. Chamberlain ont été acceptées par les directeurs de la Compagnie, et on peut prévoir qu'elles seront adoptées définitivement dans un avenir prochain. Elles auront pour effet de renforcer considérablement le droit de contrôle du Gouvernement sur l'administration de la *Chartered*, et constituent vraisemblablement un premier pas vers la substitution du Gouvernement impérial à celle-ci[1].

---

[1] *Note de l'auteur.* — La *London Gazette*, journal officiel anglais, a publié, depuis que ces lignes furent écrites, les décisions du *Privy Council*, qui modifient l'administration de la Rhodesia.

Les dispositions de ce *Southern Rhodesia Order in Council* ont pour but de concilier ces deux éléments : le contrôle impérial, nécessaire pour éviter de nouveaux incidents, tels que le *Jameson Raid*, et l'autorité administrative que doit conserver la Compagnie. A cette fin, le Gouvernement, outre le droit général de contrôle qu'il possédait déjà, pourra nommer un agent spécial, un *Resident Commissioner* qui résidera en Rhodesia. Cet officier sera payé par le Trésor impérial, et aura pour fonction de surveiller de près l'Administration de la Compagnie. D'autre part, celle-ci conservera le droit de nommer, avec l'approbation du Gouvernement, les administrateurs et tous les fonctionnaires en Rhodesia. Celui des administrateurs qui aura la direction effective des

Coup d'œil rétrospectif. — Œuvre accomplie par la Chartered

Il est peut-être trop tôt pour porter un jugement d'ensemble sur l'œuvre accomplie par la *Chartered*, et le recul du temps serait nécessaire pour l'apprécier en toute sagesse. Mais il est permis dès à présent de noter quelques conséquences

---

affaires portera le titre de *Senior Administrator*. Il sera assisté d'un *Executive Council* composé des autres administrateurs, du *Resident Commissioner* et d'au moins quatre autres membres nommés par la *Compagnie* avec l'approbation du Gouvernement. Il sera créé de plus, pour donner satisfaction aux intérêts locaux, un *Legislative Council* composé des administrateurs, du *Resident Commissioner* et de neuf membres, dont cinq nommés par la Compagnie, et quatre élus par les colons. Il se réunira au moins une fois par an. Tout membre *élu* qui acceptera une fonction salariée de la Compagnie perdra aussitôt son siège, mais pourra rentrer dans le Conseil en qualité de membre *nommé*.

Les forces militaires seront soumises au contrôle et à la direction immédiate du Haut-Commissaire pour l'Afrique du Sud, et leurs officiers agiront d'après les ordres de celui-ci.

Au point de vue de l'organisation judiciaire, il y aura une *Court of Record*, nommée la *High Court of Southern Rhodesia*, avec pleine juridiction civile et criminelle sur toutes les personnes et les choses dans la Rhodesia du Sud.

En attendant que les présentes dispositions soient effectivement appliquées, le *Matabeleland Order in Council* de 1894 restera en vigueur.

L'ensemble de ces modifications marque un pas nouveau vers la transformation de la Rhodesia en colonie *self-governing*. Elles consacrent, en effet, l'intervention des colons dans le règlement des affaires d'intérêt local. D'autre part, elles restreignent l'autonomie relative laissée jusqu'ici à la Compagnie vis-à-vis du Gouvernement, en renforçant le contrôle de celui-ci sur son administration par la nomination d'un *Resident Commissioner*.

définitives de son action, au point de vue général de la civilisation et au point de vue purement britannique.

Entre la situation de la Rhodesia, il y a *dix ans*, et celle d'aujourd'hui, on constate une véritable métamorphose. Ce territoire immense était alors entièrement soumis à Lo-Bengula et à quelques autres chefs indigènes, et les razzias de Matabelès y maintenaient à l'état permanent le régime de la terreur. Les quelques exactions reprochées aux agents indigènes de la Compagnie à l'égard de la population ne peuvent être mis en parallèle avec les massacres d'alors. Aujourd'hui la vie et la propriété y sont garanties autant qu'elles peuvent l'être par les législations européennes; des villes, centres de civilisation, sont disséminées dans tout le territoire, et les missionnaires catholiques ou protestants, soutenus par la Compagnie, ont apporté la connaissance de la religion chrétienne aux tribus idolâtres. Le développement matériel du pays est extraordinaire. Il suffit, pour s'en convaincre, de se reporter aux indications données d'autre part, et qui montrent cette contrée barbare se transformant, sous une direction active et intelligente, en une colonie pourvue de toutes les facilités de la vie moderne. La *Chartered*, association privée, a certainement tenu l'un des premiers rangs dans la colonisation de l'Afrique, par la rapidité et l'étendue de son action.

Si l'on se place ensuite au point de vue plus spécial des intérêts britanniques, il est impossible de ne pas reconnaître que l'Angleterre lui doit la réunion à son empire de cet immense hinterland de l'Afrique du Sud, sur lequel elle n'avait que des droits extrêmement discutables, il y a dix ans. L'Allemagne, le Transvaal et même le Portugal, ne se seraient pas fait faute de l'entamer, chacun de leur côté, au point de réduire l'Angleterre au protectorat mal garanti qu'elle avait étendu sur les territoires dépendant immédiatement de Lo-Bengula. La Compagnie, par son occupation rapide s'assura la possession complète de cet hinterland, et, par voie de conséquence, l'assura à l'Angleterre qui la patronnait. Une action aussi prompte n'est pas permise à un État, entravé par le mécanisme plus compliqué de son administration, et arrêté par l'opinion publique qu'inquiète souvent une politique trop entreprenante. Il est moralement certain que, si la *Chartered* n'avait pas occupé, en 1889, les territoires aujourd'hui connus sous le nom de Rhodesia, le Gouvernement n'aurait pas été en situation de le faire d'une façon effective et complète avant un temps assez long, ce qui eût permis aux puissances rivales de partager cette conquête avec lui. Fût-il arrivé en temps voulu, il n'aurait probablement pas su faire en dix ans ce qu'a fait la Compagnie en ce court laps de temps, et surtout il ne l'eût pas fait sans des dépenses énormes que la *Chartered* lui a évitées. Lors des troubles du Matabeleland, lord Grey, administrateur de la Rhodesia, répondait à une offre de secours du gouverneur du Cap par ces mots : « C'est l'ambition de la Compagnie de « garantir à l'Angleterre la paisible possession de « la Rhodesia, à ses propres frais et sans récla- « mer des contribuables anglais un secours d'un « simple *six-pence*. » Cette ambition, elle l'a réalisée, si l'on excepte le faible concours qu'elle reçut de l'armée anglaise pendant la dernière révolte, concours dont les frais restèrent d'ailleurs entièrement à sa charge.

Ressources financières de la « Chartered »

Elle accomplit son œuvre colonisatrice sans autres ressources financières que les souscriptions de ses actionnaires, les revenus qu'elle tirait des postes et télégraphes en Rhodesia, de l'octroi de licences, des ventes des terrains, etc. Elle avait en plus un droit de participation aux bénéfices de 50 0/0 dans les sociétés formées en Rhodesia pour l'exploitation des mines d'or. Cet ingénieux système de participation, qu'on a appelé le *Rhodes patent* ou *Brevet Rhodes*, n'a pas encore donné ses résultats jusqu'ici, très peu de Sociétés ayant commencé leurs travaux. Le tableau suivant donne les recettes et dépenses de la Rhodesia, depuis 1893, époque à laquelle ses revenus et dépenses particulières furent inscrits à un article spécial dans les comptes généraux de la Compagnie.

ANNÉES finissant le 31 mars	RECETTES	DÉPENSES
	£	£
1892-93	34.153	85.098
1893-94	44.489	65.766
1894-95	118.883	142.423
1895-96	399.090	212.174
1896-97	122.542	251.829
1897-98	196.653 (non comprises les ventes de terres)	encore inconnu

Jusqu'à présent les recettes sont restées sensiblement inférieures aux dépenses, car il faut ajouter aux chiffres précédents, qui s'appliquent seulement aux dépenses ordinaires d'administration, certaines dépenses extraordinaires, telles que les dépenses militaires nécessitées par les révoltes de 1896-1897, s'élevant à £ 2.266.976.

Fautes commises

Tout en servant les intérêts de l'Angleterre dans l'Afrique du Sud, et en étendant son influence d'une façon admirable, la Compagnie, ou du moins l'un de ses agents, a commis une faute qu'il n'est pas permis d'oublier quand on examine son œuvre; nous voulons parler de l'invasion du territoire du Transvaal par le Dr Jameson. Cette violation du droit des gens, qui n'était en aucune façon justifiable en elle-même, eut au surplus des conséquences très fâcheuses pour les intérêts britanniques, en réveillant l'antagonisme politique des races anglaise et hollandaise, qui risque de retarder le développement de l'Afrique du Sud.

Le *Jameson Raid*, l'insuffisance de son contrôle sur la conduite de ses agents à l'égard des indigènes, voilà les principaux griefs formulés contre l'administration de la *Chartered*. Mais en regard de ces fautes il faut placer son œuvre dont nous avons indiqué les étapes et qui a provoqué l'admiration de ses adversaires eux-mêmes. A la Commission d'enquête instituée par le Parlement anglais, en 1897, on demanda l'opinion de membres du Parlement du Cap, appartenant au parti hollandais, sur la *Chartered;* tous, bien que condamnant son action politique, et notamment sa tentative sur le Transvaal, approuvèrent vivement son administration intérieure. M. Louw, sollicité de donner son avis, répondit : « J'estime qu'il était « impossible pour le Gouvernement impérial d'ad- « ministrer la Rhodesia aussi bien que l'a fait la « *Chartered*. » M. Venter, auquel on demandait son impression sur la Rhodesia qu'il venait de parcourir, déclara « qu'il avait trouvé les colons « hautement satisfaits de la Compagnie et que ce « sentiment était partagé par chacun dans l'Afrique « du Sud. » — D. : « Pensez-vous que la *Chartered* ait administré ses territoires aussi bien qu'eût pu le faire le Gouvernement impérial ? — » R. : « Beaucoup mieux. » — M. Schreiner, tout en demandant un contrôle plus strict du Gouvernement sur les actes de la Compagnie, fit cependant aussi l'éloge de son œuvre[1]. Ces témoignages, apportés dans une enquête solennelle sous la forme d'une déposition en justice par des personnes peu suspectes de partialité, ont une importance qui n'échappera à personne.

Perspectives d'avenir

Si rapide qu'ait été son développement économique et politique, la Rhodesia est encore une contrée nouvelle, dont les ressources ne sont pas connues avec certitude et qui a dû sa prospérité

---
[1] *Report of Select Committee*, questions n°° 2151, 2153, 2190, 2192, 3157 et 3158.

subite à la confiance inébranlable des colons dans son avenir. Jugeant d'après les éléments dont on dispose déjà, on peut augurer favorablement de celui-ci. Il est probable que la salubrité relative du climat de la Rhodesia permettra, dans une certaine mesure, l'établissement définitif de la race blanche dans ses territoires. Elle deviendra ainsi une *white man's country*, analogue aux colonies australiennes. L'élément nègre devant cependant toujours rester prépondérant, et garder le monopole de la main-d'œuvre pour les travaux pénibles nécessités par les mines et les défrichements, la Rhodesia sera donc à un autre point de vue une *black man's country*. Les mines d'or, qui ont attiré la plus grande partie des immigrants européens, sont incontestablement un élément important de la prospérité générale, et si les espérances conçues à leur sujet venaient à être déçues, une crise dangereuse serait à redouter, à moins que l'*agriculture*, ressource plus sûre, ne se développe rapidement et n'ouvre un autre champ au développement économique du pays. Le sol y est, de l'avis d'agronomes de l'Afrique du Sud, plus fertile et moins sec que dans la colonie du Cap. Quant à l'*avenir politique* de la Rhodesia, il dépend évidemment de l'accroissement de la population. Si celle-ci continue à s'accroître avec la même intensité qu'elle l'a fait depuis quelques années, il est évident que le régime actuel ne pourra pas se maintenir et que la Compagnie devra disparaître ou du moins faire une part très large aux *self-governing institutions*, qui sont inséparables de toute communauté anglo-saxonne. La Compagnie n'a dû qu'au tact de ses administrateurs d'éviter jusqu'ici des conflits avec la population blanche établie dans la Rhodesia. Il existe cependant ne grave objection contre l'octroi du pouvoir électoral à cette population : c'est que la Compagnie reste toujours responsable des dépenses faites pour la Rhodesia. Il est donc impossible pour elle de laisser la disposition de ses deniers à la direction d'un corps électoral irresponsable. Aussi longtemps que le pays ne supportera pas lui-même les charges de son administration, la Compagnie devra nécessairement se réserver à elle seule le droit de disposer des finances publiques.

Quel que soit le sort des prévisions exprimées ci-dessus, et la *Chartered* dût-elle, dans un avenir très prochain, voir se substituer à son action celle du Gouvernement impérial, la Rhodesia qui est son œuvre restera le témoignage impérissable d'une énergie, d'une persévérance et d'une activité qui doivent lui assurer l'admiration de tout observateur impartial.

CHAPITRE V

CONSIDÉRATIONS GÉNÉRALES SUR LES NOUVELLES CHARTERED ANGLAISES

Caractère propre de la Compagnie à charte

I. — Les Compagnies coloniales à charte, créées par l'Angleterre, durant ces vingt dernières années, diffèrent, par leur constitution et par leur objet, des Compagnies commerciales du droit commun.

Elles en diffèrent par leur constitution : au lieu de se former, comme celles-ci, en se soumettant aux prescriptions générales de la législation qui régit les Sociétés commerciales, c'est-à-dire aux *Companies Acts*, elles tirent leur origine d'un document spécial, la *charte*, émané directement de la Couronne, et dont les stipulations sont réglées librement par le pouvoir royal. La charte donne à la Compagnie qui la reçoit une existence juridique aussi régulière que si elle avait suivi, pour se constituer, la voie normale indiquée par les *Companies Acts;* mais elle y ajoute, à son gré, certaines modalités qui font de la Compagnie à laquelle elle est accordée une association d'un caractère tout spécial. Tels sont, notamment, les *pouvoirs politiques* accordés aux quatre Compagnies à charte, dont nous avons retracé l'histoire.

En demandant l'*incorporation*, c'est-à-dire l'octroi du statut légal, par le moyen d'une charte royale, la Compagnie s'expose à se voir imposer des obligations qu'elle n'eût pas assumées en se soumettant au régime de droit commun. La Couronne lui impose, par exemple, certaines obligations humanitaires : l'abolition de l'esclavage dans les territoires soumis à sa juridiction, ou bien exige qu'elle exécute toutes les injonctions du Gouvernement, dans ses rapports avec les puissances étrangères. Mais, en retour, la Compagnie bénéficie du prestige moral que lui donne la consécration solennelle de son existence, et reçoit des privilèges spéciaux, dont le plus important est le pouvoir politique.

La charte est donc un instrument, laissé à la libre disposition de la Couronne, et qui lui permet, sans prendre l'avis du Parlement, de doter de privilèges importants une association privée, dont l'objet lui paraît spécialement digne d'être encouragé.

Grâce à l'entière liberté d'action qui lui est laissée, la Couronne peut, par ce même instrument, garantir efficacement l'observation de certaines obligations philanthropiques, et se réserver un droit de contrôle sur les opérations de la Société. La Couronne qui octroie et la Compagnie qui reçoit la charte trouvent donc l'une et l'autre leur avantage à ce mode de constitution.

La forme usitée pour la charte d'incorporation des Compagnies coloniales du xviie et du xviiie siècle est restée celle des chartes octroyées aux Compagnies du xixe. C'est toujours en vertu des mêmes prérogatives de la Couronne, que les chartes sont accordées ; seule la nature des privilèges concédés diffère. Le souverain décide en cette matière, de sa pleine autorité, sans en référer au Parlement, après avoir généralement consulté le *Privy Council*. Ce droit, si excessif qu'il puisse paraître, lui a toujours été reconnu, parce qu'on estime que, dans ces matières, une grande promptitude de décision, peu conciliable avec les lenteurs du travail parlementaire, est une condition indispensable du succès.

Objet de la Compagnie coloniale à charte

II. — Les Compagnies à charte, différentes des Compagnies commerciales ordinaires par leur mode de constitution, le sont encore, et surtout, par leur objet et leur capacité. Pour mieux dire, elles ne sont pas différentes, elles sont plus complètes. Chacune des Compagnies à charte du xixᵉ siècle possède, en effet, la capacité civile et commerciale ordinaire, réglée, dans ses détails, par le *Deed of Settlement*, qui est un corollaire de la charte. La *Royal Niger Company* possédait même cette capacité, pleine et entière, longtemps avant d'obtenir sa charte, et ne l'a point vue se modifier, lorsqu'elle est devenue Compagnie souveraine.

Mais, en plus de ces droits communs à toutes les associations fondées dans les formes légales, ces Compagnies sont pourvues des droits souverains nécessaires à l'accomplissement de la mission spéciale qui leur est imposée. Cette mission a un double objet, politique et économique : d'abord la pénétration et l'occupation, au nom de l'État, du territoire qui est soumis à leur juridiction, ensuite la colonisation et la mise en valeur de celui-ci. La combinaison de leurs opérations commerciales avec la mission spéciale qu'elles reçoivent de leur Gouvernement, a été parfaitement exposée par M. Étienne : « Une Compagnie commer« ciale, dit-il, se constitue, ayant à sa tête des
« personnages considérables dans l'État. Cette
« Compagnie, qui est soutenue, encouragée, qui a
« confiance en elle-même et dans son Gouverne« ment, jette son dévolu sur telle ou telle région
« généralement et incomplètement inoccupée. A
« peine en possession, elle se fait octroyer une
« charte qui lui permet d'agir avec autorité, d'être

« sûre du lendemain ; puis elle s'avance, s'étend
« dans les diverses directions, occupe quelques
« points choisis avec discernement, d'où elle pré-
« tend dominer tout le pays ; mais son extension
« territoriale ne l'absorbe pas au point de lui faire
« perdre de vue le côté pratique des choses ; elle
« s'installe là où le commerce l'attire et, de la
« sorte, en peu de temps, son œuvre est doublée.
« Elle exploite tout un vaste territoire, au nom et
« dans l'intérêt de ses actionnaires, tandis qu'elle
« le détient ou le revendique, avec tous les pays
« d'alentour, au nom et pour le compte de l'An-
« gleterre. Aussi les résultats ne se font-ils pas
« attendre : la main-mise politique marche paral-
« lèlement avec l'utilisation économique, quand
« celle-ci ne précède pas celle-là[1]. »

Pour adopter une politique aussi éloignée des opérations normales d'une association commerciale, il faut nécessairement que la Compagnie à charte dispose aussi de pouvoirs différents, ou du moins plus étendus. C'est pourquoi la Couronne britannique, en considération des devoirs qu'elle leur imposait, a concédé des droits souverains importants à chacune des Compagnies à charte fondées au XIXe siècle. Ces Compagnies se sont ainsi distinguées nettement des Compagnies com-

[1] *Les Compagnies de colonisation*, par Eug. ÉTIENNE, p. 16.

merciales ordinaires, non seulement par leur mode de formation, mais par leur objet et les pouvoirs qui dérivent de celui-ci.

Le premier essai tenté par l'Angleterre, pendant ce siècle, d'une Compagnie réunissant les caractères qui viennent d'être indiqués, remonte à moins de vingt ans. Cette création n'était point une innovation dans le droit public anglais, mais un retour à une politique déjà fréquemment suivie auparavant. Elle ressuscitait, sous une forme nouvelle, les anciennes Compagnies privilégiées[1]. Cette résurrection obtint une reconnaissance internationale par l'article IV de l'acte de la Conférence de Bruxelles en 1890. « Les puissances exerçant « une souveraineté ou un protectorat en Afrique, « dit-il, peuvent cependant déléguer à des *Compa-* « *gnies à charte* tout ou partie des engagements « qu'elles contractent en vertu de l'article III. »

Différences entre les Compagnies anciennes et modernes

III. — Les nouvelles Compagnies à charte ressemblent sous beaucoup de rapports à celles qui ont existé aux siècles précédents, mais elles en diffèrent radicalement par certaines modifications

---

[1] V. GOURD, *Chartes coloniales*. — BONNASSIEUX, *les Grandes Compagnies de commerce*.

que les idées modernes ont fait apporter à leur constitution. En premier lieu, leur « privilège », qui impliquait jadis un monopole général du commerce, est restreint à l'attribution de pouvoirs politiques et de quelques droits moins importants. Le monopole général du commerce, qui semblait être de l'essence même des Compagnies à charte, et qui leur était universellement reconnu, est formellement interdit aux Compagnies du XIX° siècle, dont les chartes renferment toutes une même déclaration : « Rien dans les présentes ne peut sembler « permettre à la Compagnie l'exercice d'un mono- « pole général du commerce ; celui-ci sera libre « dans les territoires soumis à sa juridiction, sauf « les droits de douane et les taxes qu'elle est « autorisée à établir pour subvenir à ses dépenses « d'administration publique. »

Cette délégation de droits souverains, faite aux Compagnies à charte, était parfaitement conforme aux principes du droit public, il y a deux cents ans ; mais elle constitue une dérogation manifeste aux théories généralement admises aujourd'hui. Aussi le Gouvernement anglais, en l'accordant, s'est-il entouré de garanties beaucoup plus strictes que celles qu'il exigeait auparavant. Le contrôle ministériel, à peu près inconnu dans les anciennes Compagnies à charte, sauf dans la dernière phase de leur histoire, est rigoureux dans les Compagnies contemporaines, et s'exerce, par l'intervention du Secrétaire d'État pour les Colonies, dans tout acte administratif de quelque importance. Si les propositions de M. Chamberlain, concernant les modifications à apporter à la charte de la *British South Africa Company* sont adoptées, on aura l'exemple d'une Compagnie soumise au Gouvernement de la façon la plus stricte et qui s'éloignera de plus en plus du type des Compagnies souveraines de l'ancien régime. Il est aisé de comprendre les motifs de l'autonomie plus large dont jouissaient celles-ci : outre qu'elle concordait avec les sentiments d'une époque où la centralisation d'état n'était pas encore poussée aussi loin qu'elle l'est de nos jours, cette autonomie était encore nécessitée par la situation économique générale; c'est ainsi que la difficulté des communications empêchait évidemment le Gouvernement de surveiller d'une façon efficace l'administration d'une Compagnie anglaise qui opérait aux Indes, où un message ne pouvait parvenir qu'après plusieurs mois. On sait qu'il pouvait même arriver que cette Compagnie y fût en guerre ouverte avec quelque rivale d'une autre nationalité, sans qu'on s'en doutât en Europe, et sans que les relations entre les métropoles en fussent aucunement affectées.

Même dans leur objet, ces Compagnies actuelles

ne sont pas absolument identiques aux Compagnies du xvii⁰ et du xviii⁰ siècle. Celles-ci avaient pour objet principal les opérations commerciales, parfois l'émigration et la colonisation, mais cette dernière, entendue dans son sens le plus restreint, c'est-à-dire le défrichement et la culture d'une contrée nouvelle. Au contraire, les Compagnies nouvelles, à l'exception de la *Royal Niger Company*, ne s'occupent pas elles-mêmes de faire le commerce; elles se contentent de l'encourager et de faciliter son extension dans les territoires soumis à leur juridiction. Ainsi font-elles encore pour les entreprises agricoles. Leur but propre est de créer dans le pays un état de choses qui favorise son développement économique général. Elles y établissent une administration sommaire, créent des voies de communication, maintiennent l'ordre par une police militaire. En un mot, ce sont de véritables *Compagnies de Gouvernement*, et c'est dans les recettes ordinaires d'un Gouvernement qu'elles cherchent surtout leurs ressources. Par voie de conséquence, elles n'ont pas surtout cherché, comme celles qui les avaient précédées, à établir des factoreries sur les côtes maritimes, mais elles ont pénétré dans l'intérieur des terres, dans les *hinterlands* encore exempts d'occupation effective, et se sont tout d'abord occupées d'y organiser l'administration.

Enfin, sous l'influence de considérations philanthropiques, le Gouvernement anglais a pris la précaution d'inscrire, dans les chartes nouvelles, des obligations morales dont on se souciait assez peu jadis. Telles sont l'obligation de travailler à l'abolition de l'esclavage, celle de respecter les coutumes des indigènes, celle de restreindre le commerce de l'alcool.

Lord Granville, en défendant la charte qui venait d'être accordée à la *British North Borneo Company*, estimait qu'elle différait essentiellement des chartes accordées précédemment, en ce qu'elle n'impliquait ou n'entraînait aucune souveraineté du Gouvernement anglais sur les territoires de la Compagnie[1]. Cette distinction pouvait être vraie dans le cas de la Compagnie de Bornéo, celle-ci ayant en effet pour champ d'action un territoire placé en dehors de l'influence britannique. Encore, suivant l'avis de plusieurs juristes, la charte, accordée dans de telles conditions, entraîne-t-elle fatalement un protectorat de la part du Gouvernement qui la concède. Mais, quelle que soit la solution véritable de cette discussion de principe, la distinction établie par lord Granville ne peut pas, en tous les cas, s'appliquer aux Compagnies fondées après celle de Bornéo, le champ de leurs opérations ayant

---

[1] Dépêche à M. Morier, ambassadeur à Madrid. Citée à la page 15.

été, avant l'action de la charte, englobé dans un protectorat, ou tout au moins dans une *sphère d'influence* britannique.

Pouvoirs accordés aux Compagnies du XIXe siècle

IV. — Les Compagnies à charte ayant pour mission d'accomplir une œuvre qui incombait plutôt au Gouvernement anglais, rien de plus naturel que celui-ci leur ait délégué les droits souverains nécessaires à cet effet. Ces droits ont été examinés, à propos de chaque charte, dans les chapitres précédents. D'une façon générale, ils consistent dans le pouvoir d'administrer et de gouverner les territoires concédés. Les Compagnies ont, en vertu de cette délégation, établi un corps administratif local, à la tête duquel est placé un *governor*, ou un *administrator*, qui détient le pouvoir exécutif et législatif sous la direction plus ou moins immédiate du Conseil d'administration siégeant à Londres (*court*, *council*, ou *board of Directors*). Ce représentant local de la Compagnie est parfois assisté d'un Conseil consultatif, comme c'est le cas, par exemple, en Rhodesia. A côté de l'organisation administrative, les Compagnies ont constitué une organisation judiciaire, ayant pleine et entière juridiction sur leurs territoires ; elles ont créé une police, dont les officiers sont généralement recrutés dans les rangs de l'armée anglaise, et qui, le plus souvent, se trouve être une véritable armée, entreprenant des opérations militaires, comme les campagnes des Matabelès, d'Illorin, de l'Uganda, ou la marche du Dr Jameson sur Johannesburg.

Pour subvenir à leurs dépenses administratives, elles ont, avec l'approbation royale, frappé de droits à l'exportation et à l'importation le commerce de leurs territoires et établi des taxes locales. Bref, elles ont été, dans toute la force du terme, des Compagnies de Gouvernement, jouant leur rôle jusque dans les moindres détails, plusieurs d'entre elles battant monnaie, émettant des timbres-poste à leur nom, possédant des journaux officiels, *North Borneo Herald*, *British South Africa Company's Government Gazette*, etc. Le ton même de leurs proclamations et de leurs ordonnances est empreint d'une dignité souveraine qui contraste assez plaisamment avec certaines formules mercantiles qui s'y mêlent. Tel acte, émané de la Compagnie de l'Afrique du Sud, débute par ces mots : « A tous ceux qui liront les présentes, la « *British South Africa Company*, incorporée par « charte royale, ayant ses principaux bureaux, 19, « Saint-Swithin's Lane, dans la cité de Londres, « *Salut!* » et se termine : « En foi de quoi nous « avons apposé ici le grand sceau. » Quand des actes de cette nature sont signés, comme dans le cas cité, « Abercorn », « Fife », deux des plus grands noms du Royaume-Uni, et qu'ils se rapportent au surplus au gouvernement d'une contrée d'une étendue de 500.000 milles carrés, il est impossible de ne pas voir, dans les Compagnies dont ils émanent, autre chose que des associations commerciales ordinaires, quel que soit le nom qu'on leur donne : Compagnies à charte, Compagnies privilégiées, Compagnies souveraines, Compagnies de gouvernement ou de colonisation.

Restrictions et réserves des chartes du XIXe siècle

V. — Bien que dotées par le Gouvernement anglais de privilèges politiques considérables, les Compagnies actuelles n'en jouissent pas sans être soumises à quelques restrictions. Ces restrictions sont une concession faite à l'opinion publique, qui s'était inquiétée de voir des droits aussi exorbitants délégués à de simples particuliers.

On n'a pas cru devoir chercher une garantie, quant à la *concession* elle-même de ces droits, dans l'approbation de la charte par le Parlement. La Couronne reste maîtresse de régler la concession à sa guise; mais elle en soumet l'*exercice* à certaines réserves, dont la plus importante est le pouvoir de contrôle sur l'administration des Compagnies, attribué à l'un des principaux secrétaires d'État et, par suite, au Cabinet. Ce pouvoir de contrôle est plus étendu dans les dernières chartes que dans les premières; mais, d'une façon générale, on peut le caractériser par les points suivants : la Compagnie est entièrement soumise à la *direction* du Gouvernement pour tout ce qui regarde ses relations avec les puissances étrangères. Les « ordonnances » qu'elle publie doivent être soumises à l'*approbation* du Secrétaire d'État. Les chartes ne spécifient pas quelles sont les décisions de la Compagnie auxquelles s'applique cette règle. En recherchant la nature des décisions pour lesquelles l'approbation du Secrétaire d'État a été demandée, on constate que le mot « ordonnances » s'applique seulement aux décisions concernant l'organisation et l'administration générales des territoires, telles que : l'établissement d'une taxe sur les huttes des indigènes, la réglementation de l'industrie minière, le régime des sociétés commerciales, etc. Le Secrétaire d'État a cependant la faculté de s'opposer à l'exercice d'un droit quelconque de la Compagnie, dans le cas où une contestation surgirait à l'occasion de l'exercice de ce droit. Il est aussi, *ex officio*, l'arbitre de tout différend soulevé entre la Compagnie et les indigènes.

La Compagnie a parfois l'obligation — c'est le

cas pour celle de l'Afrique du Sud — de communiquer chaque année ses comptes pour l'exercice écoulé et ses prévisions pour l'exercice prochain, au Secrétaire d'État. Il ne s'agit, en l'espèce, que des recettes et dépenses faites par la Compagnie en sa qualité de pouvoir public. Ces comptes doivent être tenus à part des comptes généraux, afin de faciliter l'établissement des responsabilités financières, en cas de substitution de l'Administration impériale à celle de la Compagnie.

Une garantie suprême pour le Gouvernement réside enfin dans son droit de révoquer la charte en cas d'inobservation de ses prescriptions. Les chartes des *Imperial British East Africa* et *British South Africa Companies* ajoutent encore à cette première éventualité le cas où « la Compagnie n'au-
« rait pas efficacement servi les intérêts allégués
« pour obtenir la charte ». Or la pétition des fondateurs, reproduite dans le préambule des chartes, allègue en premier lieu et d'une façon générale les *intérêts commerciaux et autres* des sujets anglais; la Compagnie trouve donc une raison capitale de favoriser ceux-ci, dans la mesure dont elle-même a fourni les termes.

Une clause propre à la charte de la *British South Africa Company* fixe la durée de la concession à vingt-cinq ans avec tacite reconduction de dix en dix ans (art. XXXIII). Elle institue aussi trois directeurs à vie: le duc d'Abercorn, le duc de Fife et lord Grey (art. XXIX).

Ces restrictions et ces droits de contrôle, à la condition d'être observés et exercés d'une façon sérieuse, peuvent sembler suffisants à garantir la Couronne contre tout abus de pouvoir de la part des Compagnies. Depuis quelques années, s'est dessiné un mouvement d'opposition très vif contre l'autonomie laissée à celles-ci. L'équipée du Dr Jameson en est la principale cause ; elle a même suscité une sérieuse réaction contre tout le système des Compagnies à charte. Cédant à ce courant d'opinion, M. Chamberlain, premier secrétaire d'État pour les Colonies, a proposé certaines modifications à la charte de la *British South Africa Company*. On a pu en lire l'indication dans le chapitre consacré à cette Compagnie. Elles auraient pour effet principal de renforcer le droit d'intervention du Secrétaire d'État dans les affaires de la Compagnie, et d'accroître le pouvoir de la direction locale d'Afrique au détriment de la Cour des Directeurs. La plus importante innovation serait la nomination d'un *commissaire* spécial du Gouvernement placé par celui-ci auprès de l'administrateur de la Rhodesia, et chargé de la haute surveillance de ses actes.

Cette question du contrôle du Gouvernement sur l'administration des Compagnies à charte s'est posée récemment en France. Une Commission du Sénat s'est réunie pour examiner une proposition de loi concernant la constitution de *Compagnies privilégiées de colonisation*. Cette proposition de loi a pour premier auteur M. Étienne, qui l'avait rédigée dès 1891. Après avoir été étudiée par le Conseil supérieur des Colonies, elle fut renvoyée par le Gouvernement devant le Sénat, où elle demeura presqu'oubliée jusqu'au jour où M. Lavertujon la reprit pour son compte en 1896. Sa proposition fut examinée par une Commission sénatoriale, qui la modifia sur plusieurs points. Le projet présenté par cette Commission en 1897 propose, comme un moyen efficace de contrôle sur l'administration des Compagnies qu'il s'agirait de fonder, la désignation d'un commissaire de la République chargé de surveiller cette administration pour le compte du Gouvernement[1].

En Angleterre, où il s'agit de modifier la constitution d'une Compagnie existante, et en France où l'on songe à créer des Compagnies, la même garantie est donc préconisée.

Personnalité des fondateurs

VI. — En fait, la garantie que le Gouvernement anglais a surtout recherchée en créant les

[1] Sénat. Session 1897. Rapport n° 230 de M. Pauliat, p. 223.

Compagnies à charte actuelles est la garantie morale qui résulte de l'honorabilité et de la capacité de leurs fondateurs. La charte étant un acte de pure bienveillance de la part de la Couronne, celle-ci peut s'inspirer, pour l'accorder ou la refuser, de considérations de personnes qui seraient impossibles ou fort difficiles pour la législature. Elle ne s'en est pas fait faute, ainsi que l'indiquent les correspondances échangées pendant les négociations relatives à l'octroi des chartes. Chaque fois le Gouvernement demande à connaître la personnalité des fondateurs avant de prendre une décision. Aussi remarque-t-on, à la tête des Compagnies anglaises, les hommes les plus influents du Royaume-Uni ; ce ne sont pas seulement de grands financiers, mais des hommes appartenant aux hautes classes de la société, à l'élite de l'aristocratie, revêtus des principales fonctions dans l'État. Il suffit de jeter un coup d'œil sur la composition des Cours des directeurs, pour voir combien peu elle rappelle « une réunion de lanceurs d'affaires encadrés de quelques prête-noms. » Telle est, en effet, l'importance des pouvoirs dont disposent les directeurs qu'ils participent à la majesté de souverains véritables, et il est permis de croire que certains d'entre eux, qui n'auraient pas pu être décidés, par l'appât des rémunérations pécuniaires, à assumer d'aussi lourdes charges, les ont acceptées cependant, séduits en quelque mesure par le prestige qu'elles leur conféraient.

D'aussi vastes entreprises ont beaucoup de chance de se voir patronner par des hommes que tente l'exercice du pouvoir et dont les facultés d'initiative et d'autorité s'accommoderaient mal d'une fonction dépendante, si importante fût-elle. Il leur faut une œuvre dont ils puissent faire *leur* œuvre, dont ils puissent être les maîtres, à laquelle ils puissent consacrer toute leur activité avec une pleine liberté d'action. C'est ce que firent, par exemple, M. Rhodes et sir George Taubman Goldie, pour les Compagnies de l'Afrique du Sud et du Niger. Ils les ont créées ; mais celles-ci, de leur côté, les ont faits ce qu'ils sont, en leur fournissant un champ d'action où ils ont pu déployer librement leurs merveilleuses qualités d'organisateurs. Il semble donc que la colonisation par les Compagnies ait plus de chances que la colonisation d'État de trouver des hommes qui s'y dévouent entièrement. Peut-être aussi est-ce une simple et heureuse coïncidence qui a fait rencontrer aux Compagnies actuelles des personnalités telles que Rhodes, Goldie, Mackinnon. En ce cas, leur mérite comme instruments de colonisation en serait réduit, puisqu'elles ne devraient les résultats heureux de leur action qu'à la direction habile d'un homme en quelque sorte providentiel. Le qualificatif n'est pas exagéré, car il est notoire que, sans la présence de M. Rhodes, la *British South Africa Company*, par exemple, aurait depuis longtemps sombré au milieu de toutes les difficultés qui l'ont assaillie. Quelle panique épouvantable eussent produite au *Stock Exchange*, et parmi les 40.000 actionnaires, les dernières révoltes en Rhodesia, rendues plus désastreuses par la *rinderpest*, si l'on n'avait eu M. Rhodes, « dont le nom vaut un capital », à qui se confier. La discussion reste donc ouverte sur le point de savoir si une Compagnie a plus de chance qu'une colonie de la Couronne dêtre administrée par une personnalité distinguée, se dévouant entièrement à elle.

Quoi qu'il en soit, il semble, d'une façon générale, plus facile de trouver en Angleterre qu'ailleurs les hommes aptes par leurs qualités d'initiative et leur sentiment de responsabilité personnelle à assumer des fonctions aussi importantes que celle de diriger des Compagnies à charte. La raison doit en être cherchée dans le caractère anglo-saxon et la constitution de la société en Angleterre. L'Anglais, par tradition et par tempérament, appartient à une *self-governing race*, et, grâce à l'étendue de son empire, qui embrasse les cinq parties du monde, il connaît bien les hommes. Quel est l'Anglais cultivé qui n'a pas fait un séjour plus ou moins prolongé aux colonies? Même en restant chez lui, comme « magistrate », membre des conseils de comtés ou du Parlement, « guardian », membre d'un de ces innombrables « comités » qui ont parfois l'administration de revenus énormes, il a pu généralement acquérir une expérience réelle dans les affaires financières, politiques ou administratives. Au surplus, en Angleterre, beaucoup de fortunes privées sont si considérables qu'elles permettent aisément à leurs détenteurs une générosité royale, quand les intérêts de la civilisation et de l'empire sont en jeu. On en a vu des exemples dans la fondation des Compagnies à charte, où souvent les promoteurs pouvaient seulement espérer, suivant la pittoresque expression de sir William Mackinnon, *to take their dividends in philanthropy*, toucher leurs dividendes en philanthropie.

Caractère national des Compagnies

VII. — Il y a dans les chartes accordées depuis vingt ans une clause particulière, renouvelée chaque fois, qui confirme dans le chef des Compagnies la mission politique qui leur est plus ou moins ouvertement confiée. C'est l'obligation pour elles de revêtir un caractère nettement anglais. Ce caractère se révèle d'abord dans leur titre, qui renferme toujours une reconnaissance de nationalité anglaise, par les mots *British* ou *Royal*. Il s'accuse surtout dans l'obligation qui leur est imposée d'établir leur siège social en Angleterre, d'avoir pour directeur des sujets anglais, et d'user d'un pavillon indiquant leur caractère britannique, par exemple l'*Union Jack*, blasonné de leurs armes, à l'exemple de la plupart des colonies.

Enfin, si ces Compagnies possèdent ou viennent à acquérir des ports dans l'étendue de leurs territoires, elles sont contraintes d'y laisser entrer librement les navires de guerre anglais et de leur donner tous les secours désirables, sauf compensation pour les travaux exécutés ou les provisions et matériel fournis.

Il n'y a là qu'une conséquence naturelle du but poursuivi par la Couronne en octroyant la charte et les pouvoirs qu'elle y concède.

Étendue des territoires occupés par les Compagnies

VIII. — Si l'on recherche le bénéfice qu'a pu retirer la Couronne britannique de la concession des chartes modernes, une première constatation naturelle et brutale s'impose aussitôt. C'est l'agrandissement énorme de son empire dont elle est redevable à l'action des grandes Compagnies. En moins de vingt ans, trois contrées nouvelles ont été organisées et soumises à son autorité, dans le continent africain, et une quatrième dans l'archipel malais. Sur les territoires occupés aujourd'hui par ces Compagnies, elle ne possédait aucun droit, ou tout au plus une « influence » mal définie; aujourd'hui ce sont des provinces organisées de l'empire. L'instrument de cette transformation, ce sont les Compagnies à charte; son résultat immédiat, c'est l'adjonction à l'empire d'une étendue de territoire atteignant près de 2 millions de milles carrés.

En 1876, l'Angleterre possédait en Afrique, 279.165 milles carrés, répartis comme suit :

	M. C.
Côte occidentale	15.640
Iles atlantiques	125
Cap et dépendances	241.500
Natal	21.000
Ile Maurice et dépendances	900
TOTAL	279.165

En 1898, l'étendue de ses possessions était de 2.514.692 milles carrés; et dans cet accroissement prodigieux, la part respective des territoires soumis à des Compagnies à charte était à peu près :

	M. C.
Compagnie du Niger	500.000
Compagnie de l'Afrique orientale	750.000
Compagnie de l'Afrique du Sud	500.000
TOTAL	1.750.000 [1]

[1] Chiffres publiés par la *Colonial-Office List*, annuaire officiel du Secrétariat des Colonies.

En tenant compte seulement de ce que lui ont acquis ses Compagnies souveraines, l'Angleterre a donc, durant cette période, sextuplé son domaine colonial en Afrique. Il est vrai de dire qu'une puissance rivale, la France, a, dans un même laps de temps, et par l'action directe de l'État, agrandi ses possessions africaines dans des proportions encore plus formidables ; mais, parmi ses acquisitions, beaucoup sont d'une valeur plus que médiocre, et la population relative n'y dépasse pas en moyenne 9 à 10 habitants par mille carré ; tandis qu'elle est de 20 habitants par mille carré sur les territoires anglais. Au surplus, fort peu de chose a été fait pour la colonisation des immenses territoires conquis par la France, tandis que ceux soumis à l'action des *Chartered* anglaises sont en plein rapport pour la plupart.

Sur un autre point du monde, la Compagnie anglaise de Bornéo, plus modeste que les grandes Compagnies africaines, occupe un territoire moins vaste, dont l'étendue ne dépasse pas 31.000 milles carrés, mais qui, indépendamment de ses richesses naturelles, offre à l'Angleterre un poste stratégique important dans l'archipel malais.

L'organisation, en Afrique et en Malaisie, de ces quatre pays nouveaux, qui sont autant de provinces anglaises : *État de Nord-Bornéo, Nigeria, Ibea, Rhodesia,* voilà une première constatation de fait, à l'avantage des Compagnies modernes. Celles-ci ont donc bien rempli cette partie de leur rôle, qui consistait à établir l'influence anglaise dans de nouveaux pays ou du moins à en maintenir l'intégrité et à la développer dans ceux où elle menaçait d'être étouffée entre la poussée débordante de la France et de l'Allemagne, comme au Niger ; de l'Allemagne et de l'Italie, comme dans l'Afrique orientale ; de l'Allemagne, du Portugal et du Transvaal, comme dans l'Afrique du Sud.

Résultats heureux pour la colonisation Anglaise en général

IX. — Cette constatation de fait ne suffirait pas pour conclure en leur faveur. En effet, on ne peut pas prétendre, *a priori*, que le Gouvernement eût été incapable d'ajouter au domaine national, par son action personnelle, la même étendue de territoires, avec la même rapidité que les Compagnies à charte créées par lui. L'hypothèse d'une action aussi rapide et aussi étendue de la part du Gouvernement n'a rien d'invraisemblable en soi, puisque, nous l'avons dit, on a vu une autre puissance, sans recourir au système des Compagnies, agrandir en peu d'années son domaine colonial africain dans une proportion considérable. En tenant compte de la situation particulière qui était faite à l'Angleterre, et sans entrer dans des discussions de principe, il semble cependant que le système des Compagnies a présenté pour ce pays quelques avantages qu'il n'aurait pas trouvés dans l'action personnelle du Gouvernement.

En premier lieu, celui-ci eût été, dans la plupart des cas, absolument paralysé par l'opposition parlementaire. A côté des *impérialistes*, de ceux qui veulent la *Greater Britain*, c'est-à-dire une extension continuelle de l'*Empire*, — mot dont la faveur est si grande et dont on a fait quelquefois un usage si saugrenu, — il y a des hommes moins entreprenants qu'inquiètent cette politique envahissante et les dépenses qu'elle entraîne. Leurs adversaires les appellent les *Little Englanders*. Leur nombre est assez considérable pour influencer sérieusement les décisions du Gouvernement. Si celui-ci s'était avisé d'occuper personnellement les territoires de Bornéo, du Niger, de l'Afrique orientale ou du Sud, il eût suscité de leur part des protestations violentes qu'il préféra ne pas affronter. Ce fut une des raisons qui le déterminèrent, dès 1880, à s'abstenir d'occuper le Nord-Bornéo, comme à refuser, dix-neuf ans plus tard, d'étendre l'administration impériale sur l'hinterland de l'Afrique du Sud. On se rappelle la déclaration de lord Granville en 1881 : « Il y a, « disait-il, contre l'annexion du Nord-Bornéo par « la Couronne, des objections qui rendent impos-

« sible cette opération. Ces objections n'existent
« pas contre l'occupation du pays par une Compa-
« gnie à charte. » Lord Granville reconnaissait
donc l'impossibilité de l'action directe du Gouvernement, et parmi les motifs qu'il sous-entendait,
figurait en premier lieu l'opposition de l'opinion
publique. Et, de fait, plusieurs représentants de
celle-ci trouvèrent même que la solution interve-
nue, l'abandon de l'occupation à une Compagnie
privée, impliquait une extension indirecte du territoire anglais, encore trop inquiétante. Cette solution néanmoins apaisa la majeure partie des oppo-
sants.

En ce qui concerne la *British South Africa Company*, la situation fut identique. La création d'une
Compagnie fut aussi le moyen trouvé par le Gouvernement pour satisfaire l'opinion, opposée à une
action directe. Un discours prononcé par lord Grey,
le 30 mars 1898, est significatif à cet égard. Par-
lant dans un banquet du *Colonial Institute*, après
le duc de Fife, jadis directeur de la *British South
Africa Company*, et devenu un adversaire des
compagnies à charte depuis le *Jameson Raid*, il
s'exprimait de la sorte : « Quand j'ai été invité, en
« 1889, à entrer dans le Conseil de direction de la
« *Chartered*, j'avais cette opinion actuelle du noble
« duc. Je me rendis chez lord Salisbury et lui
« exposai qu'à mon avis l'entreprise dont il était

« question était une œuvre qui devait être con-
« duite par le Gouvernement lui-même, et non pas
« laissée à l'administration d'une Compagnie. Ce
« fut seulement *sur l'assurance de lord Salisbury*
« *qu'on ne pourrait jamais obtenir du Parlement*
« *les crédits nécessaires* à l'occupation de la Rho-
« desia actuelle que je consentis à devenir
« membre du Conseil. Je ne crois pas que le noble
« duc ait exposé de semblables scrupules au pre-
« mier ministre à cette époque. Mais je diffère de
« lui, en ce que, ayant été moi-même à la tâche
« dans l'Afrique du Sud, j'ai changé d'opinion ; et,
« par la comparaison sur les lieux de ce qui a été
« fait dans le protectorat du Bechuanaland par
« l'administration impériale avec ce qui a été
« fait en Rhodesia par la *Chartered*, j'ai acquis la
« conviction que l'administration par une Compa-
« gnie à charte, avec un contrôle efficace, est la
« meilleure qu'on puisse inventer pour développer
« une nouvelle contrée[1]. »

X (*suite*). — Il ne paraît pas douteux que le Gouvernement anglais, en créant des Compagnies à charte, ait cédé à l'opinion publique qui lui interdisait d'agir personnellement. Obligé de choisir entre ces deux solutions : s'abstenir tout à fait, ou recourir à un moyen détourné, il n'a pas hésité à se rallier

[1] *Proceedings of the Royal Colonial Institute.* — Compte rendu du banquet dans les procès-verbaux.

à la seconde. Mais une autre considération encore lui défendait une action trop ouverte : c'était la crainte de *complications internationales*. Les Compagnies ont permis à l'Angleterre de s'infiltrer discrètement sans soulever les protestations des puissances étrangères, ou du moins sans en être atteinte lorsqu'elles éclataient, parce que les Compagnies lui fournissaient un véritable écran, un *screen*, derrière lequel elle pouvait dissimuler son action. Rien de plus aisé que de les désavouer, si leur zèle devenait trop compromettant, comme ce fut le cas dans l'affaire Jameson. Cependant le territoire qu'elles conquéraient petit à petit, étendant sans cesse leur champ d'opérations, entrait dans le domaine de l'empire britannique. En résumé, les actes de la Compagnie ont engagé le Gouvernement, lorsqu'ils furent couronnés de succès, et ne l'ont point engagé lorsqu'ils provoquèrent un conflit. Resterait à apprécier la moralité de ce système, ou plutôt de cet expédient de politique coloniale.

Quoique nous abstenant d'aborder les questions de droit international dans cette étude, il nous paraît utile de préciser ici en quelques mots quelle est la situation des nouvelles Compagnies anglaises au point de vue international[1]. On se rappelle

[1] En anglais, voyez : LAWRENCE, *Principles of International Law*; — WESTLAKE, *Etudes sur les principes de droit internatio-*

que, dans la discussion parlementaire à laquelle donna lieu, en 1881, la création de la *British North Borneo Company*, le Gouvernement anglais soutint cette thèse, que la charte conférée par lui à la nouvelle Compagnie n'entraînait aucune reconnaissance de souveraineté de la part de l'Angleterre sur Bornéo. Cette charte n'était autre chose, d'après lui, qu'un simple acte d'enregistrement d'une concession obtenue des sultans de Brunéï et de Sulu. Par conséquent la Compagnie tiendrait ses droits souverains des traités passés avec les sultans, et la capacité pour des simples particuliers d'acquérir des droits de cette nature devrait être admise. Cette thèse ne concordait pas avec les principes admis en cette matière par la plupart des juristes anglais. Ils admettaient et admettent encore que les droits souverains acquis par une association ou une personne privée ne peuvent bénéficier qu'à l'État dont elles sont sujettes, et non à elles-mêmes directement. Néanmoins, en vertu de ces déclarations qui furent écoutées sans protestation au Parlement, la Compagnie de Bornéo eut, pendant quelques années, jusqu'à la déclaration de protectorat qui donna à l'Angleterre la direction exclusive de

---

nal ; — CREASY, *Imperial and Colonial constitutions*. — Voyez aussi : HUMBURGER, *Der Erwerb der Gebietshoheit* ; — SALOMON, *De l'occupation des territoires sans maître* ; — VON STENGEL, *Die Staats und volkerrechtliche Stellung der Deutschen Kolonien*.

toutes ses relations extérieures, la situation d'une personne internationale. On a vu quelles circonstances politiques avaient sans doute fait adopter ce système au Gouvernement anglais.

Dans le cas des Compagnies plus récentes, la situation n'était plus la même, parce que la Couronne avait déjà déclaré un protectorat ou une sphère d'influence sur les territoires où elles allaient commencer leurs opérations. Quant aux territoires qu'elles acquirent en surplus, suivant l'avis général, elles n'en obtinrent pas pour elles-mêmes les droits de souveraineté, mais jouèrent seulement le rôle de *negotiorum gestor* au profit du Gouvernement, qui, tacitement ou explicitement, leur rétrocéda ensuite l'exercice de ces droits.

XI (*suite*). — Les Compagnies eurent donc cet effet général de faciliter l'introduction de l'Angleterre dans des contrées nouvelles, sans soulever à l'*extérieur* ou à l'*intérieur* les protestations qui eussent accueilli une action directe du Gouvernement.

Dans l'organisation des territoires ainsi occupés, les Compagnies ont montré une initiative, une rapidité d'action, une *élasticité* qu'il eût été difficile au Gouvernement de déployer dans une même mesure. Cette opinion est celle de la plupart des hommes d'État anglais. Qu'il nous suffise

de citer les termes employés par M. Chamberlain, principal secrétaire d'État pour les colonies, dans un discours qu'il prononça au Parlement, lors de la discussion des affaires du Transvaal : « Je
« ne puis pas m'imaginer, disait-il, que mon
« département aurait pu faire l'ouvrage qui a été
« fait par la *Chartered*. Je suis parfaitement certain
« que, si les personnes responsables du Gouverne-
« ment de ces territoires (la Rhodesia) avaient
« dû sans cesse, comme j'y suis obligé, deman-
« der au département de la Trésorerie l'autorisa-
« tion de dépenser, ne fût-ce que £ 5, il aurait
« été impossible pour elles, comme pour toutes
« autres personnes dans une situation semblable,
« de faire ce qu'a fait la *Chartered*, de construire
« des railways, des centaines de milles de routes,
« et de faire tout ce qui fut entrepris pour occu-
« per si rapidement le territoire soumis à son
« administration[1]. »

Il est assez significatif ce spectacle, donné par un Secrétaire d'État pour les Colonies, confessant lui-même l'infériorité de son département. On s'explique cependant bien sa pensée, car il est manifeste, à première vue, que, dans l'organisation d'un pays nouveau, où l'état de la civilisation n'a pas encore nécessité l'établissement d'une

[1] V. *Times*, 14 février 1896.

« machinerie compliquée de Gouvernement », la Compagnie privée présente une simplicité d'action et une aisance de mouvements que l'Administration impériale ne saurait déployer. Les Compagnies que l'intérêt financier poussait à mettre le plus tôt possible en valeur leurs territoires, ont, dès les premières années de leur fondation, exploré jusqu'aux confins de ceux-ci. On aurait quelque peine à trouver, dans les annales de la colonisation officielle, des exemples d'une action aussi rapide que celle de la Compagnie du Niger par exemple, quand, menacée par la politique envahissante des Allemands, elle envoya M. Thomson, qui, en sept mois, parcourut toute la région du bas et du moyen Niger et en assura la possession à l'Angleterre avant même que le Gouvernement allemand ait eu le temps de commencer l'exécution des projets manifestés par lui. La *Selous Road*, en Rhodesia, est un autre exemple d'occupation rapide par une Compagnie à charte. A cette rapidité d'action qui leur a été unanimement reconnue, les Compagnies ont encore ajouté une politique d'initiatives très hardies dans l'adoption de méthodes nouvelles et une constance et une identité dans leur ligne de conduite, peu communes chez le Gouvernement, soumis aux variations et aux critiques parlementaires.

XII (*suite*). — Il ne faut pas oublier enfin l'*écono-*

mie budgétaire énorme qu'a réalisée l'État en confiant à des associations privées le soin de la prise de possession et de la mise en valeur des territoires soumis à leur administration. Ces associations n'ont reçu aucun secours pécuniaire pour entreprendre leur œuvre ; à peine ont-elles obtenu le concours d'un faible contingent de troupes ou une démonstration navale opérée par un ou deux vaisseaux de guerre, pour réprimer une révolte qui menaçait leur existence. Tous sujets anglais, en semblables circonstances, auraient eu droit à la même protection.

Ces pays nouveaux, organisés sans qu'il lui en coûtât rien, n'en ont pas moins été pour l'Angleterre de nouveaux marchés pour son commerce et de nouveaux débouchés pour son industrie, aussi importants que beaucoup de colonies de la Couronne, dont l'administration lui a fait dépenser des millions de livres sterling.

A supposer que l'Angleterre ne se contente pas du traitement qui lui est fait dans ces territoires de *Chartered*, et qui est le même à peu près, sinon plus favorable, que celui dont elle jouit dans ses propres colonies, elle peut, à des époques qui varient selon les chartes, révoquer celles-ci et substituer son administration à celle de la Compagnie. Elle aura des compensations à payer à celle-ci, naturellement. Mais pourra-t-on comprendre dans ces compensations les mille dépenses quotidiennes d'un Gouvernement, dont il n'est pas tenu un relevé détaillé et les frais extraordinaires tels que ceux faits pour des guerres dont il refuserait probablement d'endosser les conséquences financières, quoiqu'il ne les eût probablement pas évitées s'il avait administré directement le pays ?

Jusqu'aujourd'hui une seule Compagnie s'est trouvée dans le cas de voir l'administration de ses territoires reprise par l'État : c'est l'*Imperial British East Africa Company*, dissoute après six années d'existence. La compensation payée à la Compagnie, a été de £ 250.000, dont £ 50.000 seulement furent mises à charge du Gouvernement anglais, le solde étant payé par le sultan de Zanzibar comme indemnité pour la résiliation de sa propre concession. Acquérir pour £ 50.000 la possession effective d'un territoire de 750.000 milles carrés, déjà en voie d'organisation, où des travaux publics avaient été faits, est une opération financière que le Gouvernement anglais aurait mauvaise grâce de ne pas trouver avantageuse.

Reproches adressés au système des Compagnies

XIII. — Quelque profitable qu'ait été pour la colonisation anglaise l'œuvre accomplie par les Compagnies à charte, on s'accorde à leur reconnaître certains inconvénients, qui, s'ils n'apparaissent pas tous au début de leur existence, empêchent cependant qu'on leur continue, après quelques années, l'administration d'un pays déjà organisé et pourvu des éléments de la vie sociale. On a dit que le seul organe d'une Compagnie à charte, est « sa caisse ». Le mot serait injuste à l'égard des Compagnies anglaises qui, grâce surtout à la personnalité de leurs dirigeants, ont parfois fait preuve de préoccupations patriotiques et humanitaires qui étaient en opposition avec leurs intérêts financiers. On pourrait rappeler, entre autres faits, l'occupation de l'Uganda et celle d'une partie du Haut Niger et de la Rhodesia, où les Compagnies ont agi moins dans leur intérêt propre que pour conserver à l'empire anglais des régions menacées d'absorption par une puissance rivale ; leurs campagnes anti-esclavagistes, les entraves apportées au commerce de l'alcool, pourtant rémunérateur, la protection efficace donnée à l'œuvre des missionnaires, montrent que l'intérêt pécuniaire n'a pas été toujours le seul mobile inspirateur de leurs actes.

Il n'en est pas moins vrai que la question financière, en vertu même de leur constitution, est la raison dernière et suprême de leur conduite dans la plupart des cas. Ce mélange du caractère gouvernemental avec un objet de lucre constitue une infériorité évidente pour elles, quand on compare leur action à celle du Gouvernement impérial. Soumis plus directement au contrôle de l'opinion publique, représentée par le Parlement, et n'ayant pas le souci constant de dividendes à distribuer à des actionnaires exigeants, le Gouvernement s'inspire naturellement, dans sa politique coloniale, de principes d'une moralité supérieure.

Cet inconvénient, moins sérieux dans un pays encore inorganisé, où une plus grande liberté d'action peut être nécessaire, et d'ailleurs tempéré par le contrôle efficace du Gouvernement, devient extrêmement grave quand le pays s'est développé au point de vue économique et social et que la Compagnie se trouve en présence d'intérêts privés considérables. Il semble dès lors impossible de laisser encore à une simple association des droits souverains aussi importants que ceux qu'on avait cru pouvoir lui accorder pour la première mise en valeur et l'administration sommaire du pays.

XIV (*suite*). — Un autre argument présenté contre l'administration des nouvelles Compagnies à charte anglaises a trait à la politique suivie par elles vis-à-vis des indigènes résidant dans leurs territoires. Il est superflu de faire remarquer encore une fois que nous nous occupons seulement ici des quatre Compagnies fondées par l'Angleterre depuis vingt ans, sans examiner le bien-fondé des accusations portées contre les Compagnies créées en d'autres temps ou par d'autres nations.

Des accusations de cette nature n'ont guère été portées que contre la *British South Africa Company*. On a pris argument des révoltes qui ont éclaté dans ses territoires, pour affirmer qu'elle opprimait les indigènes soumis à sa juridiction. La taxe sur les huttes indigènes établie en 1894 avec l'approbation de lord Ripon, secrétaire d'État pour les Colonies, aurait été une cause du soulèvement des Matabelès. Le principe de cette taxe, cependant, ne peut être opposé à la Compagnie, puisqu'il reçut l'approbation du Gouvernement et fut admis dans plusieurs colonies de la Couronne, notamment dans celles de la côte occidentale d'Afrique. Quant au mode de perception, on a reconnu que la Compagnie avait eu à se reprocher quelques exactions de la part de ses agents indigènes. Mais, d'une façon générale, les enquêtes dirigées par le Gouvernement en 1893 et en 1896 dont le résultat a été rapporté dans le chapitre consacré à la *Chartered*, ont prouvé la légalité de la politique suivie par celle-ci à l'égard des natifs.

Il est d'ailleurs bien difficile aujourd'hui, que des faits d'oppression des indigènes, à charge des Compagnies, restent longtemps ignorés. Par le télégraphe qui pénètre jusqu'aux confins de leurs territoires et qui vient aboutir en Angleterre au résonnateur puissant de la Presse, des abus de leur part seraient presque aussitôt connus que commis.

On a formulé enfin contre l'administration des Compagnies actuelles, cette objection : elles peuvent, par leurs actes, engager la responsabilité internationale du Gouvernement anglais. Ce n'est pas tout à fait exact. En effet, on sait que les Compagnies, pour tout acte important de leur administration, ont besoin de l'approbation du Gouvernement. Si, lorsqu'elles se disposent à exécuter une mesure pouvant entraîner des complications internationales, elles obtiennent l'approbation du Gouvernement anglais, il est naturel que celui-ci encourre la responsabilité d'un acte qu'il a autorisé. Si, au contraire, elles n'obtiennent pas cette approbation nécessaire ou s'en passent, il est légitime que le Gouvernement les désavoue et dégage sa propre responsabilité.

L'exemple le plus célèbre d'un tel abus de pouvoir de la part d'une Compagnie à charte est le *Jameson Raid* de 1896. En cette circonstance, la Compagnie ne fut d'ailleurs coupable que de négligence, puisqu'elle était dans l'ignorance du complot, formé par quelques-uns de ses agents. A peine la nouvelle de l'échec du Dr Jameson était-elle parvenue à Londres que le Gouvernement désavouait l'acte de celui-ci, et il ne semble pas qu'à la suite de ce désaveu formel sa responsabilité ait jamais été sérieusement engagée. On a dit qu'il aurait accepté de l'engager au cas où la tentative du Dr Jameson aurait réussi. C'est de l'hypothèse. Raisonnant sur les faits, il doit être reconnu que l'acte commis par un sujet anglais, *motu proprio*, sans instructions de son Gouvernement, n'engage pas celui-ci, lorsqu'il est désavoué par lui. Les pouvoirs souverains qui sont accordés à une Compagnie ne placent point celle-ci dans une situation particulière à cet égard; car l'*exercice* de ces droits est toujours soumis en fait à l'approbation du Gouvernement; ce qui, au point de vue international, assimile leurs actes commis en vertu de ces droits à des actes ordinaires du Gouvernement.

M. Courtney a fait au Parlement anglais une déclaration qu'il n'est pas sans intérêt de rapporter : « Je suis certain, disait-il que, si *Downing*
« *Street* (c'est-à-dire le *Colonial Office*) reprenait
« directement l'administration de la Rhodesia,
« nous aurions bientôt des difficultés beaucoup
« plus grandes que celles que nous avons pu
« avoir précédemment... Les agents du Gouverne-
« ment n'ont que trop souvent pris sur eux d'en-
« treprendre certaines choses sans aucune auto-
« risation, et la difficulté de les désavouer est bien

« plus grande que celle de désavouer les agents
« d'une Compagnie[1].

Au dire d'un membre influent du Parlement,
ces abus de pouvoir que l'on redoute si vivement
de la part des agents des Compagnies à charte sont
donc encore plus à craindre de la part des agents
de l'Administration impériale. Sans aller aussi
loin que lui, on doit néanmoins reconnaître qu'il
n'y a pas de raison de craindre plus d'abus dans
un cas que dans l'autre, ces abus trouvant leur
explication dans la moralité personnelle des
agents.

Résultats financiers

XV. — Tout en remplissant bien leur mission
politique et en contribuant activement à l'œuvre
d'extension coloniale de l'Angleterre, les Compagnies à charte n'ont pas été, d'autre part, au point
de vue de leurs intérêts privés, des *financial
success*. Si leurs résultats politiques sont considérables, leurs résultats financiers sont généralement médiocres, exception faite pour la Compagnie
du Niger, qui a pu donner plus de 6 0/0 à ses actionnaires. En effet, on voit la Compagnie de Bornéo
manifester seulement l'espoir de pouvoir donner
prochainement un dividende de 1 0/0, et quant aux

---

[1] Débat sur les affaires du Transvaal (*Times*, 14 février 1896).

Compagnies de l'Afrique orientale et de l'Afrique du Sud, elles n'en ont donné aucun. Les actionnaires cependant ne se départissent pas de leur confiance. Chaque émission d'actions qui suit une nouvelle augmentation du capital est souscrite aussitôt, parfois même avec des primes très fortes, comme ce fut le cas, en 1895, pour la *British South Africa Company*. Son capital fut, cette année-là, porté à £ 2.500.000, c'est-à-dire 62 millions et demi de francs par la création de 500.000 actions nouvelles. « La Compagnie avait contracté une dette d'environ 20 millions (£ 750.000), lui coûtant 6 0/0 d'intérêt. Elle a trouvé un syndicat de garantie qui a souscrit les 500.000 actions nouvelles à £ 3 1/2, soit 250 0/0 de prime. Elle a encaissé £ 1.750.000, remboursé sa dette et mis dans ses caisses £ 1.000.000, tout en effaçant de son passif £ 750.000 d'obligations et y inscrivant seulement £ 500.000 d'actions, celles-ci n'y figurant qu'au pair. C'est une opération extraordinaire et qui n'a été possible que par la fièvre du moment. Les actions ont valu alors jusqu'à £ 9, soit 900 0/0, c'est-à-dire que les cours de bourse assignaient à l'entreprise, qui n'avait pas encore donné un *penny* de dividende, une valeur totale de 560.000.000 francs[1]. ». Ce n'est pas seulement

---

[1] *La Compagnie à charte de l'Afrique anglaise du Sud*, par Raphaël-G. Lévy (*Revue des Deux Mondes*, 1ᵉʳ février 1896, p. 633).

la fièvre de spéculation d'alors qui peut expliquer cet accueil empressé fait aux valeurs de la *Chartered*, mais encore, pour une bonne part, la confiance inébranlable de presque tous les Anglais dans l'avenir de la Rhodesia, et surtout dans l'habileté des hommes qui la gouvernent. Il y a quelques mois à peine, malgré la série des calamités qui venaient de frapper la Compagnie : révolte des Matabelès, révolte des Mashonas, *rinderpest*, n'a-t-on pas vu encore les nouvelles actions émises par elle souscrites avec une prime de 100 0/0 ?

Opinion générale en Angleterre

XVI. — Si l'on cherchait à préciser l'état de l'opinion publique en Angleterre à l'égard des *Chartered*, on pourrait résumer la situation comme suit : Bien peu se refusent à reconnaître que les grandes Compagnies créées au XIXe siècle ont rendu à l'Angleterre des services signalés, dans l'occupation et la première mise en valeur des territoires soumis à leur juridiction. Elles ont été pour elle des *coins*, des outils de pénétration dans le continent africain qu'elles ont attaqué par trois côtés, tandis qu'une autre d'entre elles établissait son influence dans l'archipel malais ; elles ont aussi été des écrans dissimulant son action et la couvrant contre les protestations de l'intérieur et de l'extérieur ; elles ont enfin assuré la charge des *preparatory expenses*, des dépenses préparatoires nécessitées par l'organisation d'une nouvelle colonie, et cette organisation même, elles l'ont souvent entreprise avec plus de rapidité et d'habileté que n'eût pu le faire l'administration impériale. Mais un Gouvernement qui vend et qui achète, nomme les fonctionnaires, fait des lois et les exécute même à l'égard de ses concurrents commerciaux, ou qui, s'il s'abstient d'entreprendre lui-même des opérations commerciales, ne peut pas perdre de vue les dividendes qu'il doit distribuer à des actionnaires, un tel Gouvernement, dit-on, est dans une situation vicieuse, qui ne peut pas se prolonger longtemps. En fait, l'absorption des Compagnies par le Gouvernement impérial a déjà commencé à s'effectuer. Dès 1895, l'*Imperial British East Africa Company* a disparu après six années d'existence, faisant place à l'administration directe de l'Angleterre. Elle ne pouvait plus suffire à sa tâche, devenue colossale. La *Royal Niger Company* est appelée à voir prochainement le Gouvernement anglais se substituer à elle ; ce n'est un secret pour personne que des négociations à ce sujet sont engagées depuis longtemps. Les réformes proposées dans l'administration de la *British South Africa Company* sont un acheminement vers une intervention de plus en plus directe du Gouvernement. La *British North Borneo Company* devra peut-être aux circonstances particulières de sa création et à sa moindre importance de subsister quelque temps encore. En résumé, le système des Compagnies anglaises du xix⁰ siècle ne peut être considéré que comme une méthode transitoire de colonisation, quelque mérite qu'on leur reconnaisse d'ailleurs dans la préparation d'une contrée *which is not ripe for the elaborate and expensive machinery of a crown colony*[1]. Cette opinion est celle de presque tous les hommes politiques et des hommes d'affaires que nous avons eu l'occasion de consulter en Angleterre.

Restreint à ces proportions, le système des Compagnies souveraines modernes, que l'Angleterre a été la première nation à voir renaître chez elle, fournit cependant un des plus intéressants épisodes de l'histoire coloniale au xix⁰ siècle.

---

[1] « Qui n'est pas mûre pour le mécanisme compliqué et dispendieux d'une colonie de la couronne. »

CONCLUSION

En recourant à un mode de colonisation abandonné depuis longtemps, l'Angleterre, dont l'exemple devait être bientôt suivi par l'Allemagne et le Portugal, a-t-elle obéi à un plan général de réformes dans ses méthodes coloniales ? Quelques auteurs l'ont cru. Il leur a semblé que, par un de ces retours si fréquents dans l'histoire, le Gouvernement britannique, après avoir substitué en matière coloniale l'action directe de l'État à celle des Compagnies, renversait sa politique et se préparait à ériger de nouveau en système l'emploi de procédés qu'il avait laissé tomber en désuétude. Cette opinion est-elle fondée ? L'octroi successif de quatre chartes à des sociétés privées, constituées en vue de la colonisation d'immenses territoires, permet-il de conclure à une restauration du système des Compagnies privilégiées ?

L'étude des circonstances qui ont précédé et accompagné la fondation de ces nouvelles *Chartered* ne confirme point cette hypothèse. Elle nous amène, au contraire, à considérer leur fondation comme un procédé accidentel et, pour ainsi dire, comme un expédient de la politique coloniale anglaise au XIXe siècle.

Au surplus, la politique anglaise, qui ne nous a point habitués à des réformes systématiques et radicales, a témoigné toujours d'une extraordinaire souplesse. Cette qualité lui a permis de se plier à toutes les contingences de temps et de lieu, et de recourir, sans qu'elle se crût jamais liée par des principes théoriques immuables, aux moyens les plus divers qui lui parurent propres, dans chaque situation, à assurer la conquête du but qu'elle poursuivait.

Au cours de cette étude, nous avons vu cette qualité de la politique anglaise s'affirmer et triompher dans les affaires coloniales. Gagné, lui aussi, par la fièvre d'expansion lointaine qui marqua ces vingt dernières années dans la plupart des nations européennes, le Gouvernement britannique, lorsqu'il voulut agrandir encore un empire colonial déjà immense, s'avisa que l'ancien procédé des Compagnies à charte pourrait trouver une application avantageuse dans quelques cas particuliers. Il prit moins la peine de rechercher si ces Compagnies, avec les délégations de droits souverains qu'entraînait leur institution, étaient absolument conformes aux principes de l'État moderne, que d'examiner si les circonstances ne commandaient pas de recourir à des procédés mixtes pour résoudre certaines questions délicates. Et malgré les récentes condamnations qui avaient frappé le système des Compagnies, il n'hésita point à utiliser ce système en le rajeunissant, non pas qu'il l'estimât supérieur à la colonisation directe par l'État, mais parce que cette colonisation ne lui semblait pas pratique partout. Et ce fut à ces considérations d'opportunité que les Compagnies, dont nous avons exposé l'organisation, durent leur création.

Il serait donc inexat de restituer au système des Compagnies, en Angleterre ou ailleurs, le caractère qu'il eut jadis : celui d'une méthode normale de colonisation. Tant s'en faut. L'extension du rôle de l'État dans la colonisation moderne s'accommode mal, en effet, de ces délégations de pouvoirs publics à des groupes de particuliers. Et, d'autre part, l'occupation progressive de la surface mondiale réduit singulièrement le nombre des territoires inorganisés où l'action des Compagnies de colonisation pourra se déployer dans toute son efficacité sans l'éventualité d'un conflit né de l'antériorité d'autres intérêts ou de droits acquis. Mais, cette double réserve étant faite, il ne nous paraît point douteux que les Compagnies, à titre d'instruments occasionnels et provisoires, pourront encore, dans des circonstances qu'il conviendra d'examiner chaque fois en particulier, rendre des services signalés aux nations colonisatrices. Les monographies que nous avons tracées dans cette étude, tout en exposant quelques-uns des épisodes les plus intéressants de l'histoire coloniale contemporaine, épisodes souvent défigurés par des relations partiales et inexactes, serviront peut-être d'indications pour déterminer quelles sont les circonstances d'application les plus favorables à la création des Compagnies.

Qu'on n'oublie point cependant que les circonstances, quelque avantageuses qu'on veuille les supposer, exigent, de la part de ceux qui veulent en tirer parti, des qualités intellectuelles et morales que le peuple anglais réunit à un degré exceptionnel et dont la mise en œuvre explique, pour une bonne part, les résultats relativement heureux des Compagnies fondées par lui. Les institutions et les traditions de ce peuple, armé par une éducation coloniale déjà ancienne et toute pratique, doué du sens de la liberté et de la responsabilité individuelles, le préparaient naturellement à de semblables entreprises. A point nommé, des hommes ont surgi, pour en prendre la direction, auxquels l'esprit d'initiative et la confiance en soi, non moins qu'une longue expérience des affaires coloniales, garantissaient toutes les aptitudes nécessaires.

Qu'on n'oublie pas non plus, parmi les éléments de succès des Compagnies, une autre particularité qui servit singulièrement les Anglais. Leurs Compagnies, ou du moins celles d'entre elles qui réussirent le mieux, s'installèrent dans des territoires voisins de colonies de la Couronne, et qui formaient en quelque sorte un prolongement de ces colonies : la Compagnie de l'Afrique du Sud trouva un point d'appui dans la colonie du Cap qui lui est limitrophe, celle du Niger dans les protectorats de la côte, celle de Bornéo dans les établissements de Singapoore. De là résulta pour elles une force considérable dont ne bénéficièrent point, par exemple, les Compagnies allemandes, isolées et privées de tout appui national immédiat.

Enfin les Compagnies anglaises profitèrent du concours de certaines coïncidences heureuses. Le grand mouvement « impérialiste » contribua, par son progrès en Angleterre, à la faveur de ces entreprises qui, ayant pour objet une nouvelle extension de l'« Empire » permettaient à chacun, par une simple souscription d'actions d'un prix modique, de participer à cette extension. Dans le cas particulier de la *British South Africa Company*, l'espoir de découvrir dans ses territoires des gisements aurifères fut un important facteur de la rapidité de son développement.

Ces circonstances spéciales, dues aux événements non moins qu'aux individus, expliquent comment l'Angleterre a pu réussir mieux qu'aucune autre nation dans ces expériences nouvelles du système des Compagnies souveraines.

La politique gouvernementale anglaise eut le grand mérite de ne pas contrarier ces circonstances et d'en assurer tout l'effet. D'autres Gouvernements, notamment en France, ont souvent cédé à la tentation fâcheuse de régler minutieusement et par des dispositions identiques l'administration des parties les plus diverses de leur domaine d'outremer. Ils ont cru donner ainsi plus d'*homogénéité* à leur action coloniale.

L'Angleterre, plus empirique peut-être, s'est toujours gardée d'une telle erreur. Elle recourt volontiers à un opportunisme et à un éclectisme qui s'inspirent des circonstances plutôt que des principes. Tout en inscrivant dans les chartes que nous avons résumées quelques règles générales d'administration, tout en maintenant l'*unité nécessaire* entre les Compagnies et les autres parties de l'empire par la réserve, stipulée à son profit, de la direction des relations extérieures, le Gouvernement britannique a soin de laisser aux Compagnies, dans les limites de leurs sphères d'action respectives, toute la *liberté utile*. Grâce à cette liberté, les Compagnies ont pu s'épanouir et se développer, chacune suivant ses qualités et ses besoins. Si quelque conclusion philosophique doit se dégager de cet ouvrage, c'est de ce contraste qu'elle jaillira.

La réglementation, qui emprisonne dans un corset d'acier l'initiative des individus ou des groupes d'individus peut s'imposer lorsqu'une société humaine est parvenue, dans sa croissance, à un état très avancé de civilisation. En pareil cas, la concurrence des efforts privés ayant atteint son paroxysme, se traduit non plus seulement par des conquêtes opérées sur la nature, mais souvent par des empiètements sur les droits primordiaux de l'individu. Lorsque s'accusent les abus de la concurrence des efforts privés, il appartient au pouvoir public d'user de la plénitude de son droit. Mais, dans ces Sociétés nouvelles, où tout est à faire, qu'on appelle des colonies, l'initiative des individus, quand par bonheur elle se manifeste, trouve dans la nature elle-même un champ d'action où chaque « centre humain », suivant l'image de Taine, peut se développer sans faire obstacle au développement légitime d'autres « centres humains ». Et, dans ces Sociétés, l'intervention de l'État que le moindre excès rendrait peut-être meurtrière, ne pourrait trop s'inspirer du double souci de l'opportunité et de la discrétion.

FIN

BIBLIOGRAPHIE

GÉNÉRALITÉS

Bonnassieux (P.), *Les Grandes Compagnies de commerce.* In-8°, 562 pp. — Paris, Plon, Nourrit et C¹⁰ 1892.
Dilke (Sir Ch.), *Problems of Greater Britain.* 2 vol. in-8°. — Londres, Macmillan, 1890.
Dubois (M.), *Systèmes coloniaux et peuples colonisateurs.* In-12, 290 pp. — Paris, Masson et Plon, Nourrit et Cⁱᵉ, 1895.
Egerton (H.-E.), *A short History of British Colonial Policy.* In-8°, 503 pp. — Londres, Methuen, 1897.
Etienne (Eug.), *Les Compagnies de colonisation.* In-8°, 76 pp. — Paris, Challamel, 1897.
Girault (A.), *Principes de Colonisation et de législation coloniale.* In-12, 657 pp. — Paris, Larose, 1895.
Greswell (W.-P.), *The Growth and Administration of the British Colonies* (1837-1897). In-16, 253 pp. — Londres, Blackie, 1898.
Keltie (J. Scott), *The Partition of Africa.* In-8°, 564 pp. — Londres, Stanford, 2ᵉ éd., 1895.
Lanessan (J.-L. de), *Principes de Colonisation.* In-8°, 283 pp. — Paris, F. Alcan, 1897.
Lehman (K.), *Kolonialgesellchaftsrecht in Vergangenheit und Gegenwart.* In-8°, 36 pp. — Berlin, Bahr, 1896.
Leroy-Beaulieu (P.), *De la Colonisation chez les Peuples modernes.* In-8°, 847 pp. — Paris, Guillaumin, 4ᵉ édit., réimpr., 1898.
Lucas (C.-P.), *A Historical Geography of the British Colonies.* 4 vol. — Oxford, Clarendon Press (1888-1894-1897).
Salomon (Ch.), *L'Occupation des territoires sans maître.* In-8°, 390 pp. — Paris, Giard, 1889.
Seeley (J.), *The Expansion of England.* In-8°, 308 pp. — Londres, Macmillan, 1883.
Van Ortroy (F.), *Conventions internationales définissant les limites actuelles des possessions, protectorats et sphères d'influence en Afrique.* In-8°, 518 pp. — Bruxelles, Schepens, 1898.

WHITE (A.-S.), *The Development of Africa*. In-8°, 307 pp. — Londres, G. Philip, 2° éd., 1892.

**

The Colonial Office List. — Londres, Harrison. *Annuel*.
The Stateman's Year-Book. — Londres, Macmillan. *Id*.
The Hazell's Annual. — Londres, Hazell. *Id*.
Statistical Abstract for the several colonial and other possessions of the United Kingdom in each year. — Londres, Wyman, oct. 1897.
SÉNAT FRANÇAIS, *Documents parlementaires*. 1891, p. 432 et sq.
SÉNAT FRANÇAIS, *Rapport n° 230. Annexes, 12 juillet 1897.* — *Rapport* présenté par M. Pauliat, *au nom de la Commission, sur la proposition de loi de M. Lavertujon sur la création de Compagnies privilégiées*. In-4°, 235 pp. — Paris, Mouillot, 1897.

**

REVUES

Économiste français. — *Passim*. Articles de MM. P. Leroy-Beaulieu et Chailley-Bert.
CAMERON (Capt.), *Chartered Companies in Africa* (*Journal of the Society of Arts*, 17 février 1891).
THOMSON (J.), *Downing Street v. Chartered Companies in Africa* (*Fortnightly Review*, août 1889).
LYALL (Sir Alfred), *Colonies and Chartered Companies* (*Journal of the Society of Arts*, 3 juin 1898).
Economist : The policy of creating reigning Companies. 15 septembre 1888.
CAUWÈS, *Les Nouvelles Compagnies de colonisation privilégiées* (*Revue d'Economie politique*, janvier 1892).
LABORDÈRE (M.), *Les Grandes Compagnies coloniales* (*Annales de l'Ecole libre des Sciences politiques*, 1891, p. 339).
Nouveau Dictionnaire d'Economie politique sous la direction de L. Say. — Paris, 1892. — V° Colonie et v° Privilège.
Encyclopædia of the Laws of England under the editorship of A. Wood-Renton. — Londres, 1897. — V° Companies Chartered.

CHAPITRE I

BRITISH NORTH BORNEO COMPANY

15, Leadenhall Street, London E. C.

DOCUMENTS OFFICIELS

Parliamentary Papers : Papers relating to the affairs of Sulu and Borneo and to the grant of a Charter of incorporation to the British North Borneo Company. — *Part.* I. Claims of Holland; *Part.* II. Claims of Spain. 1882. C. 3108 and 3109.

***

DOCUMENTS PUBLIÉS PAR LA COMPAGNIE

Reports of the half yearly meetings of the B. N. B. C. — *Directors' Reports and Balance Sheets.* — 1882-1898. Rapports succincts bi-annuels présentés aux actionnaires, et bilans. — Au siège de la Compagnie.

Handbook of British North Borneo. In-8°, 184 pp. — W. Clowes, Londres, 1893. — Compilation résumée de renseignements sur Bornéo. Publie le texte de la Charte.

Brief daily record, par W. Cowie. In-4°, 39 pp. — W. Brown, Londres, 1898. — Rapport officiel sur la mission d'inspection qu'il a remplie à Bornéo de janvier à mai 1898, comme « managing director » de la Compagnie.

***

Hatton (F.), *Explorations and Adventures on the Equator.* In-8°, 336 pp. — Sampson Low, Londres, 1885. — Notes d'explorations géologiques faites pour le compte de la Compagnie, renfermant des aperçus intéressants sur le pays.

Hatton (J.), *The New-Ceylon.* In-12, 209 pp. — Chapman et Hall. Londres, 1881. — Ouvrage composé d'après les lettres et notes des premiers pionniers. L'auteur se montre très enthousiaste de la nouvelle entreprise.

Pryer (W.-B.), *A decade in Borneo.* In-12, 199 pp. — Hutchinson, Londres, 1894. — Mrs Pryer raconte dans ce court volume les explorations de son mari, l'un des premiers pionniers qui ont travaillé au service de la Compagnie. Nulle allusion à l'administration proprement dite de celle-ci, mais des réflexions sur la valeur agricole et minière du pays.

TREACHER (W.-H.), *British Borneo*. In-12, 165 np. — Government Printing Department, Singapore, 1891. — Histoire des débuts de la Compagnie, par son premier gouverneur.

**

REVUES

LORD BRASSEY, *North Borneo* (*Nineteenth Century*, août 1887).
MEDHURST (Sir W.), *British North Borneo* (*Royal Colonial Institute Proceed.*, XVI, 1884-1885).
LEONARD H. WEST, *British North Borneo* (*Asiatic Quarterly Review*, octobre 1897).

CHAPITRE II

ROYAL NIGER COMPANY

Surrey-House. — Victoria Embankment, Londres W. C.

DOCUMENTS OFFICIELS

Parliamentary Papers (C. 1892) : LVI, 763. — Droits d'importation et d'exportation au Niger.

**

DOCUMENTS PUBLIÉS PAR LA COMPAGNIE

Reports of the Council et *Proceedings at the general meetings*, 1886-1898. Rapports annuels et bilans. Procès-verbaux des Assemblées générales. — *Au siège social.*
Report on the Niger Sudan Campaign (1897), avec divers documents, 23 pp. — London, Witherby, 1897.

**

FERRYMAN (Capt-Mockler), *Up the Niger*. In-8°, 326 p. — Londres, G. Philip, 1892. Secrétaire de sir Mac Donald dans son enquête sur l'administration de la Compagnie. Contient surtout des descriptions du pays.

Houßst (Lieut.), *Sur le Niger et au pays des Touaregs.* in-8°, 481 pp. — Paris, Plon, Nourrit et C¹ᵉ, 1898. — Intéressante histoire de sa mission dans le Bassin du Niger. — Donne la note française. — Très hostile à la Compagnie.

Robinson (C.-H.), *Hausaland.* In-8°, 304 pp. — Londres, Sampson-Low, 1896. Rapport d'une mission scientifique dans le Haut Niger, pour le compte de la *Hausa Association.*

Taubman-Goldie (Sir G.), *The Future of the Niger Territories.* In-8°, 15 pp., 1897, n° 25 des tracts publiés par la Chambre de commerce de Londres. — Résumé succinct de l'œuvre de la Royal Niger Cʸ.

Vandeleur (Lieut.), *Campaigning on the upper Nile and Niger.* In-8°, 320 p. — Londres, Methuen, 1898. — La deuxième partie traite de la Nigeria et de la Campagne de 1897. — Intéressante introduction par sir G. Taubman-Goldie.

***

REVUES

West (L.), *The Royal Niger Company* (Journal of Finance, décembre 1897).

Baillaud (E.), *La Compagnie royale du Niger et son évolution* (Annales de l'Ecole libre des Sciences politiques, juillet 1898).

Noufflard (Ch.), *Les Colonies anglaises de la Côte occidentale d'Afrique* (*Id.*, 1896, p. 429 et 595).

Rouire (Dʳ), *La Compagnie du Niger* (Revue de Géographie, janvier 1897).

Ravenstein (E.), *The Anglo-French Boundaries in West Africa* (*The Geographical Journal*, juillet 1898).

CHAPITRE III

IMPERIAL BRITISH EAST AFRICA COMPANY

Ci-devant : 2, Pall Mall East, Londres

DOCUMENTS OFFICIELS

Handbook of British East Africa. In-8°, 176. — Londres, Harrisson, 1893. — Compilation des rapports dressés par différents officiers anglais sur l'Afrique orientale ; publié par le Département de la Guerre.

Charte de l'I. B. E. A. — V. *London Gazette,* 7 septembre 1888.
Blue Books. Ne contiennent presque rien relativement à l'administration de la Compagnie.

⁎⁎⁎

DOCUMENTS PUBLIÉS PAR LA COMPAGNIE

Reports of Meetings et Reports of the Court of Directors. — Rapports annuels du Conseil d'Administration, donnant un exposé sommaire de la situation. — *Au siège social.*
LUGARD (Capt.), *Quatre Rapports confidentiels adressés à la Compagnie.* — *Id.*
MAC-DERMOTT (P.-L.), *British East Africa or Ibea.* In-8°, 632 pp. — Londres, Chapman et Hall, 1895 (2ᵉ éd.). — Etude très documentée, surtout au point de vue des rapports de la Compagnie avec les Gouvernements anglais et allemand. Publié par le secrétaire de la Compagnie.

⁎⁎⁎

FITZGERALD (W.-W.), *Travels in the coastlands of British East Africa.* In-8°, 750 pp. — Londres, Chapman et Hall, 1898. — Simple récit de voyage sur la côte orientale.
GUILLAIN (M.), *Documents sur l'histoire, la géographie et le commerce de l'Afrique orientale.* 3 vol. in-8°. — Paris, 1856. — Ouvrage d'intérêt purement rétrospectif, comme l'indique sa date.
LUGARD (Capt), *British East Africa and Uganda.* In-8°, 67 pp. — Londres, Chapman et Hall, 1892, et
LUGARD (Capt.), *The Rise of our East African Empire.* In-8°, 2 vol. — Londres, Blackwood, 1893. — Ces deux ouvrages se rapportent surtout aux troubles de l'Uganda, qui absorbaient alors toute l'activité de la Compagnie. — Récit détaillé des opérations militaires dirigées par l'auteur.
MAC-DONALD (J.-R.-L.), *Soldiering and Surveying in British East Africa* (1891-1894). In-8°, 322 pp. — Londres, E. Arnold, 1897. Rapport sur ses levers de plans pour le chemin de fer de la côte aux lacs et récit de la campagne de l'Uganda.
MACKENZIE (G.), *British East Africa.* In-8°, 47 pp. — Londres, Spottiswoode, 1890. — Conférence faite au Colonial Institute.
MACKENSIE (G.), *The Trade of British East Africa.* In-8°, 20 pp. — Londres, Dopperty, 1894. — Conf. faite à la Chambre de commerce de Londres. L'auteur est le premier administrateur de l'*I. B. E. A.*

BIBLIOGRAPHIE

**

REVUES

KEMBALL (Gen. sir A.), *The I. B. E. A. Company* (*Fortnightly Review*, nov. 1893).

CHAPITRE IV

BRITISH SOUTH AFRICA COMPANY

19, St-Swithin's Lane, Londres E. C.

DOCUMENTS OFFICIELS

Correspondance relating to affairs in Matabeleland and Mashonaland. Février-mars 1894 (C. 7290-C. 7296).
Papers relating to the administration of Matabeleland and Mashonaland. Mai 1894 (C. 7383).
Copies and Extracts of Correspondance relating to the B. S. A. C. — Septembre 1893 (C. 7171).
Report from Select Committee on British South Africa. 13 juillet 1897 (311). — Rapports de la Commission parlementaire instituée après l'affaire Jameson pour faire une enquête sur l'administration de la Compagnie. Un fort vol. de 600 pp. — Deux parties : I. Exposé des faits ; — II. Procès-verbaux des interrogatoires (9.862 questions). — Plusieurs pièces explicatives sont annexées.
Report of sir R. E. R. Martin on the Native Administration of the B. S. A. C. — Juillet 1897 (C. 8547.)
Correspondance relating to proposed changes in the administration of the B. S. A. C. — Février 1898 (C. 8732).
Charte de la B. S. A. C. London Gazette, 20 décembre 1889. — Ordres *in Council* subséquents. V. *Parl. Papers* (C. 3773).
Papers relating to the B. S. A. C. Janvier 1899 (C. 9138). — Reproduisent : I. Le texte du *Southern Rhodesia Order in Council* du 20 octobre 1898 ; — II. Deux proclamations du 25 novembre 1898, relatives au traitement des indigènes et au régime électoral ; — III. Un exposé de changements apportés à la Charte en conséquence des nouveaux règlements.

DOCUMENTS PUBLIÉS PAR LA COMPAGNIE

Directors Reports and Accounts. — Rapports annuels succincts et bilans présentés par le Conseil des Directeurs à l'Assemblée des Actionnaires. 1891, 1892, 1893, 1894, 1895, 1896 et 1897 (ces deux derniers réunis). — *Au siège de la Compagnie.*

Reports on the Company's Proceedings and the situation of the territories within the sphere of its operations. — Tableaux détaillés de la situation générale de la Rhodesia. Publiés en 1892-1895-1896-1898. — *Id.*

Reports on the Native disturbances in Rhodesia. Mars 1898. — *Id.*

Trois volumes contenant tous les décrets, proclamations, règlements, etc., relatifs à la Rhodesia. Vol. I, 1888-1895 : Cape-Town 1895. — Vol. II et III, 1895-1896. — Réimprimés de la *B. S. A. C's Government Gazette.*

***

AUBERT (G.), *L'Afrique du Sud*. In-8°, 480 pp. — Paris, Flammarion, 1898. — Sorte de manuel commercial de l'Afrique du Sud. — Renseignements sur l'importation, la main-d'œuvre, la vie, etc.

BENT (J.-Th.), *The Ruined Cities of Mashonaland*. In-8°, 361 pp. — Londres, Longmans, Green and C°, 1892. — Récit d'une expédition archéologique faite au Mashonaland en 1891.

BERTRAND (A.), *Au Pays des Ba-Rotsi. Haut Zambèze*. In-8° jésus, 331 pp. — Paris, Hachette, 1898. — Au retour de son voyage au Zambèze, traverse la Rhodesia dont il signale le rapide développement.

BORDEAUX (A.). — Rhodésie et Transvaal. — In-18, 287 pp. Paris, Plon, Nourrit et C¹⁰ 1898. — Impressions de voyage.

BRYCE (J.), *Impressions of South Africa*. In-8°, 604 pp. — Londres, Mac Millan, 1897. — Excellent exposé de la situation du Transvaal et du Cap. Quelques aperçus sur l'œuvre de la *Chartered*.

CHURCHILL (lord Randolph). *Men, Mines and Animals in South Africa*. In-8°. — Londres, Sampson Low, 1892. — Notes de voyage dans le Mashonaland, écrites pour le *Daily Graphic*, témoigne peu de confiance dans les ressources du pays.

COLQUHOUN (A.-R.), *Matabeleland: the War and our present position in South Africa*. In-12, 164 pp. — Londres, The Leadenhall Press, 1893. — Récit de la première révolte indigène.

Dècle (L.), *Three Years in Savage Africa*. In-8°, 583 pp. — Londres, Methuen, 1898. — Explorateur français qui traversa l'Afrique du Cap à Zanzibar. — Eloge de la *Chartered* dont il parcourut le territoire.

De Waal (D.-C.), *With Rhodesin Mashonaland*. In-12, 351 pp. Cape-Town, Juta, 1896. — Publié d'abord en hollandais. L'auteur répond aux critiques de lord Randolph Churchill.

Du Toit (S.-J.), *Rhodesia Past and Present*. In-8°, 218 pp. — Londres, Heinemann, 1897. — Fondateur de l'*Afrikander Bond*, l'auteur publie le récit d'une sorte d'enquête privée qu'il a menée en Rhodesia, sur l'administration de la Compagnie. Quoique appartenant au parti hollandais, ses conclusions sont favorables à celle-ci.

Johnston (J.), *Reality versus Romance in South Central Africa*. In-8°, 353 pp. — Londres, Hodder and Stoughton, 1893. — Récits de voyages en Afrique australe. — Peu favorable à la Compagnie.

Knight (E.-J.), *Rhodesia of to-day*. In-12, 151 pp. — Londres, Longmans, etc., 1895. — Correspondances envoyées au *Times*, en 1895. — Favorable à la Compagnie.

Leonard (A.-C.), *How we made Rhodesia*. In-8°, 350 pp. — Londres, Kégan, etc., 1896. — Ancien officier de la *Chartered* dont il fait un éloge dithyrambique. — Intéressant par les détails.

Leroy-Beaulieu (Pierre), *Les Nouvelles Sociétés Anglo-Saxonnes*, in-16, 493 pp. — Paris, Colin, 1897. — Quelques pages du chapitre relatif à l'Afrique du Sud donnent un résumé de l'histoire de la Compagnie.

Lincoln Tangye (H.), *In new South Africa*. In-8°, 431 pp. — Londres, Cox., 1896. — Bon exposé général. — Quelques pages sur la *Chartered*.

Mathers (E.-P.), *Zambezia*. In-8°, 480 pp. — Londres, King, etc., 1891. — Compilation très étendue de tous les renseignements intéressant l'Afrique du Sud. Sorte de *Hand-book*.

Mermeix, *Le Transvaal et la Chartered*. In-16, 368 pp. — Paris, Ollendorf, 1897. — Excellent exposé de la Révolution de Johannesburg. En terminant, l'auteur esquisse d'une façon originale et juste l'œuvre de la *Chartered*

Noble (J.), *Official Handbook of the Cape and South Africa*. In-8°, 567 pp. — Cape-Town, Juta, 1893. — Manuel détaillé, publié par le Gouvernement du Cap, donnant des renseignements sur la population, les productions, le commerce de l'Afrique du Sud.

Purvis and Biggs, *South Africa; its people, progress and problems* In-12, 288 pp. — Londres, Chapmann et Hall, 1896. — Exposé sommaire.

Selous (F.-C.), *Sunshine and Storm in Rhodesia*. In-8°, 290 pp. —

Londres, R. Ward, 1896. Etudie la situation de la Rhodesia avant et pendant la dernière révolte indigène.

STATHAM (F.-R.), *South Africa as it is*. In-8°, 311 pp. — Londres, Fisher, 1897. — Apprécie sincèrement l'œuvre de la *Chartered*.

WILMOT (A.), *The story of the expansion of Southern Africa*. In-8°, 290 pp. — Londres, Fisher, 1894. — Exposé sommaire.

WILLS (W.) et COLLINGRIDGE (L.), *The down fall of Lo-Bengula*. In-8°, 334 pp. — Londres, « African Review » Offices, 1894. — Récit complet et documenté de la première révolte des Matabelês.

WORSFOLD (W.-B.), *South Africa, A study in colonial administration and development*. In-8°, 308 pp. — Londres, Methuen, 1897. (2° éd.). — Histoire contemporaine de l'Afrique du Sud étudiée sur les lieux. — Rapporte les commencements de la *Chartered*.

Les ouvrages dont les titres suivent sont des récits de campagne écrits par des officiers ayant servi pendant les troubles de 1896-1897.

ALDERSON (lieut.-col.), *With the mounted infantry and the Mashonaland field force*. Londres, Methuen, 1898. — BADEN-POWELL, (col.), *The Matabelè Campaign*. Chez le même, 1897. — LAING (maj.), *The Matabelè Rebellion*. Londres, Dean, 1897. — PLUMER (l.-col.), *An irregular corps in Matabeleland*. Londres, Kegan, 1897.

REVUES

MARCH-PHILLIPS, *The Chartered Company* (*National Review*, mars 1898).

IMPERIALIST, *The position and policy of M. Rhodes* (*Fortnightly Review*, mai 1898).

MACKENZIE (J.), *The Chartered Company in South Africa* (*Contemporary Review*, mars 1898).

DICEY (E.), *The work of the Chartered Company* (*Fortnighthy Review*, juin 1898).

STATHAM (F.-R.), *The Chartered Company* (*National Review*, mars 1896).

LEVY (R. G.), *La Compagnie à charte de l'Afrique anglaise du Sud* (*Revue des Deux Mondes*, 1er février 1896).

BÉRANGER (P.), *Le Transvaal et la Chartered* (*Correspondant*, 10 février 1896).

OLIVIER (P.), *la British South Africa Chartered Company* (*Bulletin de la Soc. d'Etudes coloniales Bruxelles*, 1896).

THOMSON (H. C.), *The Rule of the Chartered Company* (*National Review*, février 1899).

LIBRAIRIE ACADÉMIQUE PERRIN ET Cie

BELLESSORT (ANDRÉ).
La Jeune Amérique. Chili et Bolivie (*Couronné par l'Académie française*). 1 vol. in-16.. 3 50

BENOIST (CHARLES).
L'Espagne, Cuba et les États-Unis. 2ᵉ édition. 1 vol. in-16... 3 50

BROSSES (LE PRÉSIDENT DE).
Le Président de Brosses en Italie. **Lettres familières écrites d'Italie en 1739 et 1740.** 4ᵉ édition authentique d'après les manuscrits, annotée et précédée d'une étude biographique, par R. Colomb. 2 volumes in-16.. 7 »

DAVIN (ALBERT).
Noirs et Jaunes. *Comalis, Hindous, Siamois, Annamites.* — Paysages, cérémonies, traités. Ouvrage orné de 16 gravures d'après les dessins de l'auteur. 1 vol. in-16............................ 4 »

ESPAGNAT (PIERRE D').
Jours de Guinée. 1 vol. in-16.................................. 3 50

GIRAUDEAU (FERNAND).
Hier et aujourd'hui. — Les vices du jour et les vertus d'autrefois. — Notre dévergondage. — Notre grossièreté. — Notre cupidité. — Notre égoïsme. — Notre scepticisme. — La corruption des nouvelles couches. 2ᵉ édition. 1 vol. in-16............................ 3 50

HAMERTON (PHILIPPE-GILBERT).
Français et Anglais. Traduction de G. Labouchère. 2 vol. in-16. 7 »

MARCAGGI (J.-B.).
Les Chants de la Mort et de la Vendetta de la Corse, publiés avec la traduction, une introduction et des notes par J.-B. MARCAGGI. 1 volume in-16.. 3 50

MIMANDE (PAUL).
Souvenirs d'un échappé de Panama. Notes d'un témoin. 1 volume in-16.. 2 »
— **L'héritage de Béhanzin.** 1 volume in-16.................... 3 50

PIERRET (ÉMILE).
Les Amantes célèbres. *Correspondance amoureuse.* 1 v. in-16. 3 50

SCHURÉ (ÉDOUARD).
Les grandes légendes de France. Les légendes de l'Alsace, la Grande-Chartreuse, le mont St-Michel et son histoire, les légendes de la Bretagne et le génie celtique. 2ᵉ édition. 1 vol. in-16. 3 50

WOGAN (baron de).
Du Far West à Bornéo. 1 volume in-16.......................... 3 »
— **Le Pirate malais**, récits de voyages. 1 volume in-16....... 3 »

WYZEWA (TEODOR DE).
L'art et les mœurs chez les Allemands. 1 vol. in-16.......... 3 50

Paris. — Imp. E. CAPIOMONT et Cⁱᵉ, rue de Seine, 57.

www.ingramcontent.com/pod-product-compliance
Lightning Source LLC
Chambersburg PA
CBHW071134160426
43196CB00011B/1889